BITCOIN Y BLOCKCHAIN: LIBERÁNDOTE DE LA MATRIX

LAS CLAVES DE LA NUEVA REVOLUCIÓN 1

Andrés Zeti

Letra minúscula

Primera edición: octubre de 2018
ISBN KDP: 9781728651903
Copyright © 2018 Andrés Zeti
Corrección, maquetación y publicación: Letra minúscula
www.letraminuscula.com
contacto@letraminuscula.com
Impreso en EE. UU. – Printed in USA
Ninguna parte de esta obra puede ser reproducida por algún medio sin el permiso expreso de su autor.
La tinta que utilizamos no lleva cloro y el tipo de papel interior no lleva ácido. Ambos productos los suministra un proveedor certificado por el Consejo de Administración Forestal (FSC, Forest Stewardship Council). El papel está fabricado con un 30% de material reciclado de residuos.

A mi madre y familia, fuentes de inspiración y ejemplo.
Mi gratitud infinita.

Zeti es el seudónimo utilizado por Andrés para sus libros y conferencias a partir de agosto del 2018. Esto en parte como homenaje a la sabiduría de Satoshi Nakamoto, quien aplicó el principio universal de: «Lo importante es el mensaje y no el mensajero». También como homenaje a la película *Matrix*, fuente de inspiración de su primer libro: *Bitcoin y Blockchain: Liberándote de la Matrix*.

ÍNDICE

PRÓLOGO DEL AUTOR 9

PRIMERA PARTE. ¿ESTÁS PREPARADO? 14

Introducción 14

Todo depende de tu mentalidad 15

¿Cuál es tu tipo de mentalidad? 17

Mentalidad de loro 18

Mentalidad de gallina 19

Mentalidad de buitre 21

Mentalidad de águila 22

SEGUNDA PARTE. EL DESPERTAR 25

Matrix y la revolución Bitcoin-Blockchain 25

¿Por qué estás aquí? 25

¿Qué está mal en el mundo? 26

Centralización y control 27

El 99 % de la humanidad vs el 1 % 28

Sistema monetario y financiero 31

TERCERA PARTE. ¿HASTA DÓNDE LLEGA LA ESCALOFRIANTE REALIDAD? 35

Eres un esclavo 35

¿Qué es la Matrix? 36

Manipulación y control 38

Diez estrategias principales de manipulación mental 41

Los arquitectos de la Matrix 45

CUARTA PARTE. BITCOIN: DESBALANCEANDO LA ECUACIÓN DEL CONTROL 45

Bitcoin-Blockchain: Un nuevo mundo de posibilidades y oportunidades... 49

La esencia del Bitcoin y la tecnología Blockchain 49

¿Cómo detectar una *scamcoin* (falsa criptomoneda) en 7 pasos? 55

La mayor paradoja de la historia 59

Los infiltrados 60

Negación, la conducta humana más predecible 61

Nuevo territorio, nuevos paradigmas 63

Territorio fíat vs Territorio Bitcoin 66

Mitos sobre el Bitcoin y la tecnología Blockchain 71

QUINTA PARTE. LIBERACIÓN 80

Libera tu mente, el miedo es una ilusión 80

Del miedo a la libertad 81

Un nuevo comienzo 82

¡Llegó la hora! ¿La píldora roja? o ¿La píldora azul? 83

REFERENCIAS 85

SOBRE EL AUTOR 88

LAS CLAVES DE LA NUEVA REVOLUCIÓN 89

PRÓLOGO DEL AUTOR

Imagina por un instante que despiertas un día y te das cuenta de que todo el planeta está al borde del colapso. Tú y millones de personas en todo el mundo han despertado y han escuchado en las noticias y en la televisión que el mundo se encuentra en un punto de no retorno. Al parecer, la noticia había sido postergada por años para no generar alarma y confusión en la población, pero la situación es tan grave que ya no pudieron ocultarlo más.

Todo aparenta indicar que las señales de alarma que habían sido prendidas desde hace varias décadas respecto al calentamiento global, al consumo excesivo de recursos del planeta y a la crisis generalizada de pobreza, hambre y desigualdad ya alcanzaron puntos insostenibles. Seguramente las primeras interrogantes que te vendrían a la mente son: ¿cómo llegamos a este punto?, ¿por qué escondieron la gravedad de la situación durante tantos años?, ¿por qué nunca hicimos nada al respecto si se nos advirtió con tanta anticipación?, y ¿ahora qué podemos hacer?

En este momento imagina que se te diera la oportunidad de devolver el tiempo y hacer algo al respecto, ¿lo harías?, ¿investigarías las señales de alarma que tanto pasaste por alto e intentarías hacer algo al respecto y unirte a aquellos que quieren buscar el cambio?

Pues bien, tal vez no te sorprenda del todo saber que estamos justo en medio de un punto de quiebre en la historia de nuestro planeta. Tal como sucedió con el relato del Titanic, se nos avisó que vamos rumbo al colapso y el barco en lugar de detenerse parece haber aumentado su velocidad y ya sabemos lo que sucederá al final. Lo más sorprendente es que todos los pasajeros de esta «nave» llamada planeta tierra aparentan no tener idea de lo que se viene y tienen a una tripulación (gobiernos y políticos) a quienes parece no importarles en lo absoluto el destino de la embarcación y mucho menos el de sus integrantes.

En este punto empiezan a surgir serios interrogantes: ¿qué tipo de psicópatas conducen esta nave?, y ¿por qué no parece importarles el inevitable colapso?, ¿acaso están tan cegados por su codicia y falta de visión que no alcanzan a dimensionar el peligro que se acerca?, o peor aún, ¿acaso todo hace parte de un perverso plan premeditado?, y si es así, ¿qué buscan con eso?

Es posible también que te hayas enterado o hayas escuchado que, efectivamente, estamos al borde de una peligrosa situación en términos de recursos, hambre, pobreza y desigualdad, hecho que está llevando al planeta a un colapso anunciado. Mientras tanto, tenemos a los políticos y gobiernos manejando el destino de la Tierra, sin importarles en absoluto tu futuro, el mío ni el del 99 % de la población mundial. Lo más grave de todo, es que han sido precisamente ellos, con sus decisiones y su obediencia a la elite bancaria mundial, quienes nos han llevado directo a una tragedia, antes informada, que aún podemos y debemos evitar.

Y no, no se trata de teorías conspirativas o exageraciones, como muchos lo han querido disfrazar en medio de su ignorancia y falta de visión. Todas las evidencias están frente a nuestras narices y el iceberg es tan gigantesco que ya no hay manera de ocultarlo o hacerse el de la vista gorda.

Dicho iceberg tiene en su base una deuda mundial acumulada de 237 mil millones de dólares al 31 de diciembre de 2017

(Bloomberg, 2018), que ha aumentado 70 mil millones en la última década, curiosamente después de la grave crisis mundial de 2008, la cual demostró el nivel de descaro y desfachatez de la banca en complicidad con los Gobiernos, para llevar a millones de personas a la pérdida de sus empleos y hogares.

Como si la anterior cifra no fuera lo suficientemente escandalosa, las últimas investigaciones de prestigiosos Premios Nobel de Economía, como Angus Deaton (2015), Eric Maskin (2007) y Joseph Stiglitz (2001), entre otros, han logrado demostrar con cifras contundentes la absurda concentración de la riqueza en el 1 % de la población, dejando al 99 % como esclavos útiles de ese 1 % que se alimenta del trabajo, la productividad y el esfuerzo de cada ser humano. Todos ellos coinciden en señalar con pruebas incontrovertibles al sistema financiero y monetario, impuesto por la banca y las elites empresariales, como los grandes responsables de toda esta situación. Lo anterior, con la complicidad de Gobiernos que solo buscan mantener el monopolio del poder, del dinero y de las decisiones en el 1 % de la población, a expensas de todos nosotros que somos el 99 % restante.

Ahora bien, si crees que esto no tiene que ver contigo y tu propio futuro, aún estás a tiempo de despertar. Mirar para otro lado mientras la nave va directo al iceberg no solo no te va a salvar, más bien hará que entres en la lista especial que tiene la humanidad para aquellos que nunca hicieron nada por sí mismos ni por el planeta. Suena duro, es cierto, sin embargo sería más duro seguir dejando tu vida, tu futuro y tus sueños en manos de una elite corrupta y perversa que justo en este preciso momento se alimenta de tu esfuerzo, tu energía y tu dinero. Así es, ya **la realidad superó la ficción** y tal como Neo recibió la noticia al inicio de la película sobre la cual se basa este libro, **la Matrix te tiene y es hora de liberarte**.

Recuerda algo importante, no me creas a mí, simplemente sigue las pistas y la información plasmada en este libro. Si lo haces podrás darte cuenta de la cruda y escalofriante realidad. Si eres lo suficientemente valiente para reconocer la verdad, tal vez descubras que por primera vez hay una luz al final del túnel y esa luz tiene el potencial de llevarnos por fin a la anhelada libertad.

Para nadie es un secreto que el monopolio del dinero y el sistema monetario por parte de una elite corrupta han creado una Matrix de control, centralización y manipulación que está llevando a la humanidad, directo y a toda velocidad, hacia el gigantesco iceberg de la desigualdad y la indiferencia. Una realidad que pocos logran percibir y que este libro trae a la luz. La escalofriante verdad será por fin revelada y solo mentes muy preparadas podrán descubrir las aplastantes evidencias.

Afortunadamente, en medio de este panorama desolador surge la mayor revolución social, económica y tecnológica de la historia, e incluso con ella se crea la posibilidad, alguna vez utópica, de dar un vuelco total a la manera en la que funcionan el mundo y sus instituciones.

¿Sabías que la revolución Bitcoin-Blockchain no es simplemente la implementación de una nueva moneda digital, sino la llegada de una robusta y poderosa tecnología con la capacidad de cambiar por completo el sistema de control, centralización y manipulación que nos ha dominado por siglos y que tiene al mundo rumbo a un colapso?

Así es, desde el año 2008 el mundo ha visto el nacimiento y surgimiento del Bitcoin y la Blockchain, tecnologías con el potencial, alguna vez soñado, de quitar el control del dinero a los arquitectos de la Matrix y devolverlo a las manos de quienes siempre han debido tenerlo, toda la humanidad ¿Crees que es demasiado bueno para ser verdad? Piénsalo bien, porque mientras lees estas líneas la tecnología que lo hace posible continúa desarrollándose y desplegándose, por lo que en muy pocos años el planeta, tal como lo conoces, cambiará por completo.

Todo lo anterior te deja a ti, a mí y a toda la humanidad frente a dos escenarios posibles: seguir en el sistema de centralización, control y manipulación en el que hemos estado por tantos años y que nos lleva directo al colapso, o avanzar hacia un mundo de descentralización, libertad y confianza nunca antes visto. Escoger el primero implica no hacer nada, cruzarse de brazos y simplemente esperar lo inevitable, mientras el segundo escenario implica despertar, unirse a aquellos que buscan el cambio y abrirse a un mundo de posibilidades. Recuerda, esta revolución no necesita intermediarios, tú eres el protagonista, nadie tomará la decisión por ti ¿Aceptas el reto?

PRIMERA PARTE
¿ESTÁS PREPARADO?

Introducción

Matrix para muchos es una simple película de ciencia ficción llena de peleas y buenos efectos especiales, para otros es una metáfora de la condición humana y el reflejo fidedigno del mundo en el que vivimos. En el centro de toda esta historia, nos encontramos con seres humanos que buscan respuestas a interrogantes que van más allá de la lógica y la percepción, de lo visible e invisible o incluso de lo humano y lo divino, lo consciente y subconsciente.

Como toda buena historia, tiene unos protagonistas muy humanos y en apariencia muy «normales», con una trama que conecta en varios niveles de percepción y que está llena de pistas, rastros, reflexiones filosóficas, así como fuerza y profundidad tal, que muy pocos alcanzan a entender o siquiera dimensionar.

Ahora bien, te preguntarás, ¿y cuál es su relación con el Bitcoin y la tecnología Blockchain? En realidad, mucho más de lo que alcanzas a percibir o dimensionar. Tal como lo podrás descubrir en este libro, la conexión de ambos temas es tan grande y profunda que te sorprenderá, dejándote completamente atónito.

Seguramente, si estás leyendo estas líneas, eres parte del creciente y muy selecto grupo de personas interesadas en el Bitcoin y la tecnología Blockchain, revolución económica y tecnológica con el poder de cambiar la historia de la humanidad tal y como la conocemos. Una revolución del ser humano para el ser humano, que por primera vez abre todo un nuevo mundo de posibilidades y oportunidades por descubrir.

Todo depende de tu mentalidad

¿Sabías que la mentalidad que tiene cada ser humano está relacionada directamente con su capacidad para comprender, discernir y descubrir nueva información y conocimiento? Sí, así es, la mentalidad es un conjunto de creencias, paradigmas y actitudes que no puedes ver, tocar o incluso percibir, pero que se refleja de manera directa en tu capacidad de aprender, discernir, actuar y, por lo tanto, en los resultados que obtienes en tu vida, en tu nivel de logro, de felicidad, así como de realización personal y profesional.

Dentro de los cuatro tipos de mentalidad que verás aquí, identificarás una en particular completamente conectada a la esencia de cada ser humano que llega a este mundo, y descubrirás cómo la Matrix se encarga de moldearla para poder degradarla a una condición inferior de sumisión y obediencia en la cual el 99 % de los seres humanos parece haber caído. Es precisamente esa la razón por la cual la mayoría de la humanidad sigue sin entender la revolución Bitcoin-Blockchain y las enormes implicaciones que dicha revolución trae para todos. El mundo tal y como lo conocemos está a punto de cambiar y muy pocos parecen estar enterados.

Descubrir esa mentalidad que hace parte de ti y de tu esencia, así como reconocer la mentalidad de las personas que te rodean, no solo te permitirá comprender la información de este libro y su relación con la Matrix sino que también podrás:

- Identificar tu capacidad de comprender nuevas ideas, percepciones y puntos de vista relacionados a la revolución Bitcoin-Blockchain.
- Conocer la posibilidad de expandir tu mente, tus conocimientos y percepción, para conectarlos al nuevo territorio de libertad y descentralización que viene en camino.
- Tener la facultad de ver más allá de lo que ven los demás (visión) y de tomar decisiones que te permitan alcanzar retos personales (poder).
- Establecer metas, objetivos y nuevos proyectos que te lleven a ser pionero en el nuevo territorio Blockchain.

Con el fin de avanzar en la esencia de este libro y descubrir las posibilidades, así como las oportunidades que ofrece esta nueva revolución, e incluso el tamaño de la disrupción que viene en camino, es de suma importancia que identifiques primero tu tipo de mentalidad asociada a la Matrix y tu capacidad de ver el mundo más allá de lo que dictan tus creencias o tu conocimiento actual. Para esto, realizaremos un simple ejercicio de solo tres pasos, el cual está basado en mi segundo libro *Bitcoin y Blockchain: La mentalidad de gallina*. En dicho ejercicio, podrás descubrir tu tipo de mentalidad usando una metáfora con animales ampliamente conocidos. No es necesario que realices la actividad, a menos, por supuesto, que desees descubrir algo sorprendente.

Primer paso: A continuación imagina cuatro animales: loro, gallina, buitre y águila. Piensa por un instante en las cualidades de cada uno. Intenta pensar también específicamente en sus formas de ser (actitud y personalidad) y de actuar (habilidades). No hay respuestas correctas o incorrectas, lo que sea que venga a tu mente desde tu propia experiencia estará bien.

Segundo paso: Ahora que ya pensaste en esas características, ¿con cuál de esos cuatro animales te identificas más? Si consideras que no tienes uno en particular, está bien, simplemente piensa ¿a cuál de ellos te gustaría parecerte más?

Tercer paso: Analiza las características que te hacen similar a esos animales o reflexiona sobre aquellas cualidades que te gustaría tener, por ejemplo: loro (sociabilidad), gallina (temor), buitre (agresividad), águila (fuerza). Una vez hecho el razonamiento, elige uno de ellos. Recuerda que es un ejercicio solo para ti; por lo tanto, las opiniones o percepciones externas no tienen validez. Con el fin de razonar los resultados, debes leer la descripción de cada tipo de mentalidad y comparar con las particularidades que escogiste para cada uno.

¿Cuál es tu tipo de mentalidad?

Es importante aclarar que se trata de una metáfora utilizada exclusivamente con fines didácticos para descubrir algo sobre lo que siempre has escuchado, pero muy pocos entienden. Este es un conocimiento que tiene el potencial de expandir tu forma de ver el mundo, pudiendo marcar un antes y un después en tu vida.

Mentalidad de loro

Las características principales de este tipo de mentalidad son:

- Repiten lo que se les dice y se les enseña, sin indagar, discernir o ir más allá de los hechos ni de la información que reciben.
- Les gusta llamar la atención y tienden a ser muy sociables.
- Siguen y se adaptan al comportamiento de la mayoría.
- Su naturaleza los lleva a estar siempre muy pendientes de las modas y tendencias. La televisión, los noticieros y los *realities* son su fuente principal de información.
- Aceptan de buena manera ser enjaulados y adoctrinados, ya que la recompensa de encajar o ser aceptados es mayor a la de ser libres y pensar por sí mismos.
- Son presa fácil de «buitres» y manipuladores.

Por naturaleza, los loros tienen una capacidad asombrosa de repetir palabras sin necesidad de pensar o saber qué significado tienen sus frases. Son muy sociables y fácilmente manipulables; por esta razón, son normalmente encerrados, entrenados y usados como mascotas. En muchos casos ni siquiera necesitan jaula, ya que su necesidad de pertenecer y recibir atención junto a un poco de alimento, los hacen domesticables y completamente manipulables.

Las personas que tienen este tipo de mentalidad repiten lo que les enseñan, sin cuestionar ni razonar sobre la veracidad o falsedad de la información, porque desean pertenecer a un grupo y, por lo tanto, son fáciles de entrenar o convertir en esclavos útiles. Sus mayores fuentes de «información» y «conocimiento» están en la televisión, los noticieros y los *realities*. Poco les interesa leer, aprender, expandir su mente ni ir más allá de sus creencias o percepciones.

En general, en este tipo de mentalidad, la obediencia y sumisión son esenciales. Las personas que la poseen son simplemente un engranaje más en el sistema de la Matrix.

Mentalidad de gallina

Si alguna vez intentaras atrapar una gallina ¿te darías cuenta de que son animales muy ariscos y temerosos, que no les gusta salir de su zona de confort?, por eso son fáciles de enjaular y adoctrinar. La clave está en ofrecerles un ambiente cómodo que satisfaga sus necesidades básicas, en donde puedan producir sus huevos y llevar su vida normal.

Las principales características de las personas que poseen este tipo de mentalidad son:

- Actúan y se comportan basándose en sus dogmas o creencias limitantes.
- Tienen como filosofía de vida una gran desconfianza hacia los demás y la resistencia al cambio.
- Manejan como principal creencia y principio de vida: «Las cosas siempre se han hecho de una manera determinada y no tienen por qué cambiar».
- Cuando se les presentan nuevos temas, conocimientos o investigaciones que van en contra de sus creencias y paradigmas, responden casi siempre con la frase «No creo», lo cual refleja un mecanismo de defensa que al parecer les

funciona para evadir temas o esconder la falta de argumentos.
- Les encanta la seguridad y su zona de confort. No aceptan con agrado los cambios, nuevas ideas u opiniones y menos si contradicen sus convicciones.
- Consideran que ya lo saben todo o simplemente se conforman con lo que ya saben.
- Son reactivas y no proactivas. Juzgan o atacan a quienes piensan diferente.
- La libertad no forma parte de su naturaleza, prefieren vivir encerradas o en un entorno seguro que les garantice la satisfacción de sus necesidades básicas.
- Tienden a culpar a los demás, pero también dependen de otros al tomar sus decisiones.
- No les gusta asumir las responsabilidades de sus propias acciones.

Este tipo de mentalidad está asociada a personas que le temen a los cambios, pues prefieren siempre tener un salario fijo y un entorno «cómodo», que una vida con riesgos. Por tanto, siguen las reglas y las obedecen sin vacilar. En su gran mayoría ni siquiera logran advertir que han sido manipulados para cumplir un plan de vida predeterminado, nacer, crecer, estudiar (adoctrinarse) y cumplir unas funciones muy claras: trabajar, producir y retirarse (morir) cuando ya no son útiles para el sistema. De hecho, ya todos sabemos cómo terminan las gallinas.

Este tipo de mentalidad junto con la del loro se convierte en el ejemplo perfecto y el claro reflejo de una sociedad enjaulada, controlada, adoctrinada e incluso manipulada. Toda la vida se dedican a producir, así como a trabajar incansablemente para un sistema (matrix) que explota, oprime y vive a costa del esfuerzo de los demás.

Mentalidad de buitre

El buitre tiene una triste reputación que le precede debido a su apetito voraz y su gusto por alimentarse de los demás. Sus principales características son la falta de escrúpulos, su capacidad de aprovecharse y de detectar fácilmente la oportunidad de alimentarse sin esfuerzo alguno.

Características de las personas con mentalidad de buitre:
- Son individualistas por naturaleza, pero saben cómo aprovechar la ventaja del grupo.
- Están dispuestos a hacer lo que sea, por encima de quien sea, para lograr sus objetivos.
- El bienestar general no les interesa, su lema es: «¿Qué voy a ganar?».
- Se disfrazan a menudo de loros o gallinas, jugando al papel de víctimas, para buscar algún interés particular.
- Se aprovechan normalmente de los más débiles o hacen la «vista gorda» si sus intereses se encuentran comprometidos.
- Ven las oportunidades como una manera de lucrarse y les cuesta aceptar que otros puedan ganar o beneficiarse.

- No les gusta asumir las responsabilidades de sus propias acciones.

Este tipo de mentalidad es un reflejo de aquellas personas que no les importa pasar por encima de los demás y recurren a todo tipo de trampas, engaños o fraudes para alcanzar sus objetivos personales. Son conocedores de las mentalidades de loro y gallina, sacando provecho de ello a través de la manipulación y el control.

Mentalidad de águila

Muy pocos animales despiertan tantos elogios y admiración como las águilas, debido al poder, resiliencia y visión que poseen, características capaces de brindarles la habilidad innata de ver más allá y llegar a lugares inimaginables.

Las personas con mentalidad de águila demuestran, entre otras, las siguientes características:

- Su visión les permite ver más allá de lo que los demás alcanzan a observar.
- Su fuerza, capacidad de enfoque y claridad para lograr sus objetivos los hacen superiores a todos los demás.
- No siguen dogmas o creencias absurdas.
- Son conscientes de la necesidad de innovar y transformarse.
- Son proactivas y no reactivas.
- Tienen la capacidad de discernir al ver los sucesos desde diferentes perspectivas.

- Entienden que el bien común es causa y a la vez consecuencia del bienestar individual.
- Les gusta rodearse de otras águilas con ideas y sueños similares.
- No buscan cambiar a los demás. Saben y entienden que cada persona tiene un rol en la sociedad y que el cambio no se puede forzar, solo se puede inspirar.
- No prestan atención a las opiniones y creencias de los demás (loros y gallinas), reconocen que cada persona es responsable de sus propias opiniones y creencias.

Las personas con este tipo de mentalidad hacen parte de un grupo pequeño; sin embargo, cada día más seres humanos han decidido liberarse de dogmas, doctrinas y cadenas mentales impuestas por la sociedad a través de los sistemas educativos, religiosos y políticos. Esas son personas con visión, sed de aprendizaje continuo, capacidad de adaptarse a los cambios y de luchar por grandes ideales. Están conscientes de que la renovación y la transformación son inherentes a la naturaleza humana y al universo; por lo tanto, no temen seguir su instinto y su deseo innato de alcanzar nuevas alturas. Tal como lo veremos a lo largo del libro, solo las personas con mentalidad de águila tienen el poder de comprender y discernir la revolución que se viene y las enormes oportunidades o posibilidades que se despliegan para todos los seres humanos.

Si realizaste el ejercicio y seguiste las instrucciones básicas, seguramente escogiste parecerte al águila, elección que normalmente toman más del 95 % de las personas. Todo esto obedece a una razón muy profunda y es que cada ser humano nace con una mente llena de gran capacidad de aprendizaje, adaptación y resiliencia.

Desafortunadamente, como veremos en este libro, durante los primeros años de vida somos moldeados y «configurados» para seguir un sistema centralizado, controlado y manipulado por una elite que maneja al 99 % de la población a través del control del dinero, así como de la voluntad humana, usando estrategias de miedo e incluso manipulación, que con los años se volvieron prácticamente imperceptibles para las mayorías, siendo reforzadas a través de los sistemas educativos, religiosos y políticos.

Tal como lo veremos en el libro y como lo demuestra la película *Matrix*, la gran mayoría de los seres humanos están tan manipulados y son tan dependientes del sistema, que no dudarán en defenderlo, todo ello como resultado natural de no ver más allá de sus creencias y paradigmas mentales, los cuales mantienen a una elite del 1 % en el poder.

Es precisamente en medio de este panorama sombrío cuando nacen el Bitcoin y la tecnología Blockchain, y con ellos también crece la posibilidad, alguna vez utópica, de cambiar el sistema de centralización y control que ha dominado el mundo durante siglos, posibilidad que cada vez perciben más personas, pero que aún no logran comprender o dimensionar. Y es en este punto, en el que la película *Matrix* se presenta como la mejor de las metáforas para comprender la mayor revolución social, económica y tecnológica de la historia.

SEGUNDA PARTE

EL DESPERTAR

Matrix y la revolución Bitcoin-Blockchain

Este libro, al igual que la película, está lleno de pistas, datos e informaciones que te llevarán a descubrir las claves de la revolución que viene en camino. Sigue las pistas y descubre la verdad por ti mismo.

¿Por qué estás aquí?

Más allá del Bitcoin, de la tecnología Blockchain y de toda la revolución que representan, hay razones en su desarrollo y creación que a veces pueden escapar a la simple percepción. Es en este punto en donde empezamos a conectar la historia de la Matrix y su profunda conexión con la rebelión que empieza a desplegarse ante nuestros ojos.

En una de las escenas iniciales de la película, Neo se encuentra por primera vez con Morfeo y este último le explica, a través del siguiente diálogo, la razón por la cual Neo está allí: **«Viniste por algo que sabes, no puedes explicarlo, pero lo sientes, lo has sentido toda la vida, que hay algo mal en el mundo, no sabes** lo que es, pero allí está, como una astilla en tu mente, volviéndote loco y eso que percibes te ha traído a mí».

Eso que percibes te ha traído a mí, a este libro, a esta tecnología, a esta historia. Ya es hora de que descubras con mayor profundidad qué está mal en el mundo, para que conozcas en detalle la herramienta cuyo potencial puede solucionar muchos de los grandes problemas que aquejan a la humanidad.

¿Qué está mal en el mundo?

En cuanto alguien comprende que obedecer leyes injustas es contrario a su dignidad humana, ninguna tiranía puede dominarle.

Mahatma Gandhi

Cada día percibimos a nuestro alrededor situaciones capaces de mostrar una realidad llena de contrastes, difíciles de entender, que escapan de toda lógica o razonamiento. Las guerras, el hambre, la desigualdad y la absurda concentración del poder en pocas manos son escenas que se vuelven tan comunes y repetitivas, que incluso la misma mente de las personas termina por aceptarlas como algo «normal», algo «inherente» al mundo. Es una especie de esclavitud moderna en la que el esclavo se ha acostumbrado tanto a sus cadenas, que ya las ve como parte de su vida diaria.

Tal como lo describe el gran lingüista y pensador Noam Chomski (1994): «La población general no sabe lo que está ocurriendo y ni siquiera sabe que no sabe», y además agrega: «Si asumes que no existe esperanza, entonces garantizas que no habrá esperanza. Si asumes que existe un instinto hacia la libertad, entonces existen oportunidades de cambiar las cosas».

Son precisamente aquellas cosas que la mayoría no ve o no quiere ver, las que se convierten en esa «realidad» que unos pocos nos negamos a aceptar y que no estamos dispuestos a negociar. Es que, ¿quién en su sano juicio podría aceptar ser esclavo de una elite «invisible» que oprime, controla, manipula y decide sobre cada aspecto de nuestra vida, y la cual tiene como grandes armas el miedo, el control y la manipulación?

Centralización y control

Esta elite invisible ha creado un sistema basado en la centralización del poder, en el cual unos pocos deciden, unos pocos controlan y, por lo tanto, unos pocos se benefician, todo a costa de la gran mayoría de personas que trabajan para ellos. Dicha elite se ha encargado de sumar al 99 % de la población en un juego sin salida, en el cual ellos, que son el 1 %, han monopolizado el control del dinero, los recursos y las decisiones, llevando sus tentáculos a todas las capas de la sociedad a través de la política, la religión y en muchos casos de la misma educación.

Tal como lo explico en mi segundo libro *Bitcoin y Blockchain: La mentalidad de gallina* (2018), en el mundo en el que vivimos tan solo 62 personas poseen más bienes, dinero y poder que 3600 millones de personas juntas, con el agravante de que solo el 1 % de la población posee más riquezas que todo el resto del mundo.

Lo anterior corresponde a una escalofriante realidad que el Premio Nobel de Economía Joseph Stiglitz describe de manera detallada en sus libros *El precio de la desigualdad: el 1 % de la población tiene lo que el 99 % necesita* (2012) y *La gran brecha: qué hacer con las sociedades desiguales* (2015). En su primer libro Stiglitz afirma: «Tenemos un sistema que ha estado trabajando horas extras a fin de trasladar el dinero desde los niveles inferiores y medios hasta el nivel más alto. En realidad, estamos pagando un elevado precio por nuestra creciente y desmesurada desigualdad».

Una persona que lea estos libros podrá quitar de su mente cualquier sesgo ideológico y entenderá la escalofriante realidad del mundo en el que vivimos, así como el gigantesco montaje económico y financiero que pasa casi completamente desapercibido para la mayoría.

En su segundo libro, *La gran brecha* (2015), Stiglitz también afirma:

Puesto que un Gobierno del 1 %, para el 1 % y por el 1 % trabaja para enriquecer al 1 %, a través del «bienestar empresarial» y los beneficios fiscales, hay menos recursos disponibles para invertir en infraestructuras, enseñanza y tecnología, inversiones que hacen falta para que la economía siga boyante y creciendo.

El 99 % de la humanidad vs el 1 %

La devastadora realidad que cada día se hace más evidente, y que nos ubica al 99 % de los seres humanos frente a un panorama muy sombrío, está haciéndose cada vez más insostenible. Basta un análisis muy simple para comprender el absurdo sistema que lo hace posible, así como la pasividad de ese 99 % que pareciera no tener límites.

Una de las claves en este análisis, para aquellos que defienden este sistema absurdo, es que la discusión no se trata sobre la riqueza, la abundancia ni la prosperidad, lo cual es una oportunidad a la que todo ser humano debería tener acceso, y mucho menos trata de ideologías capitalistas, socialistas o comunistas, que en general se han convertido en creencias y paradigmas inservibles para llevar igualdad de oportunidades a la sociedad.

Es más que evidente que la política en general, conformada por los políticos y sus ideologías, es un engranaje de la Matrix y solo ha servido para controlar, manipular e incluso mantener los privilegios o axiomas de este sistema económico y social en el cual el 99 % de los seres humanos tenemos todas las de perder.

Recientemente, un artículo publicado por CNN denominado *Los millonarios alcanzan las estrellas mientras el mundo sufre* (2018), escrito por el renombrado doctor (PhD) y experto en economía de la Universidad de Harvard Jeffrey Sachs, hace un llamado de atención sobre la enorme riqueza acumulada por los billonarios del mundo durante los últimos doce años, mientras que el resto de los seres humanos sufren las consecuencias de ese enorme desequilibrio, y eso que no se menciona la gigantesca riqueza acumulada por los dueños del sistema bancario, quienes nunca han hecho pública su riqueza por razones más que obvias. Solo basta ver el tamaño de la deuda mundial a finales de 2017, la cual se ubicó en 237 billones de dólares, para entender las escandalosas cifras que maneja la elite ultra poderosa. Es curioso ver cómo los titulares de las noticias económicas permanentemente dicen: «Deuda del mundo superó los 200 billones de dólares» y nunca nos hacemos preguntas como estas: ¿y el mundo a quién le debe ese dinero?, ¿a Marte o tal vez a Júpiter? Una clara señal de que nuestro planeta está gobernado por psicópatas que manipulan a un 99 % en lo que pareciera ser el mejor acto de magia e hipnotismo de la historia, ¿o qué otra explicación podría tener este exabrupto?

Regresando al artículo de Sachs (2018), se destaca cómo la economía mundial está bombeando trillones de dólares a las cuentas de unas pocas personas, mientras millones de niños sin educación siguen esperando una oportunidad y muchos otros mueren cada segundo por causas que podrían prevenirse. Curiosamente, con la era digital y las nuevas tecnologías de internet se ha acaparado de nuevo el poder en unas pocas manos, a costa muchas veces de aprovechar nuestros datos personales, información y privacidad con el fin de obtener grandes ganancias, como ha sucedido con redes sociales como Instagram y Facebook, poniendo a Mark Zuckerberg, creador y CEO de esta última compañía, en el ojo del huracán durante el 2018.

En este sentido, Sachs afirma: «Las compañías aprovechan nuestros datos e información, sin pagar un centavo, para ganar sus fortunas. Se les entregan patentes que crean monopolios artificiales de 20 años sobre tecnologías que deberían ser de dominio público» (2018).

Toda la información anterior y la enorme cantidad de evidencia expuesta gracias a la era de la información, significa que Mayer Amschel Bauer Rothschild, el famoso banquero alemán y fundador de la dinastía Rothschild, tenía razón cuando afirmó: «Dadme el control del suministro de dinero de una nación y no me importará quién haga sus leyes». En pocas palabras, su mensaje significaría que esa elite bancaria podría hacer lo que quisiera sin importar quién ostentaría el poder político en ese momento. Esta escalofriante afirmación se convirtió en el triste presagio que marcaría el establecimiento de ese reducido grupo de la banca a nivel mundial como el mayor organismo parasitario de la historia.

Sistema monetario y financiero

Una vez que la elite bancaria echó raíces, desarrolló el sistema monetario y financiero que nos ha regido durante los últimos siglos y que hoy en día sigue totalmente vigente, sin mayores cambios. El sistema de dinero fíat y de reserva fraccionaria son dos conceptos que en conjunto le dan a la elite bancaria mundial un poder sin límites ni restricciones.

Dinero fíat: Es el dinero usado por decreto, de curso forzoso. Un tipo de moneda que no tiene ningún tipo de respaldo, en oro o plata, y que se basa en la fe o confianza de la comunidad, es decir, su único aval es una «promesa de pago» por parte de la entidad emisora. Los dólares, euros y demás monedas similares pertenecen a este grupo y, como se explicó anteriormente, su emisión es controlada por la elite bancaria y sostenida por políticos y Gobiernos de turno.

Sistema de reserva fraccionaria: es un sistema bancario en el que las entidades mantienen en reserva una fracción de los depósitos de sus clientes. Esto les permite prestar gran parte del dinero de sus inversionistas a otras personas, lo cual significa que varias a la vez pueden tener el mismo capital, generando para el banco grandes ganancias. Este sistema funciona bajo el supuesto de que los depositantes nunca retirarán su dinero al mismo tiempo.

Al analizar de manera simple lo anterior, podemos ver claramente un sistema monetario y financiero respaldado en nada;

sin embargo, está completamente abierto a la manipulación y el engaño. Este un sistema que también tiene a la inflación como uno de sus mayores «aliados», ya que ocasiona el aumento generalizado de los precios y la pérdida de valor de la moneda en el tiempo. Todo ello configura un círculo vicioso en el cual el dinero se convierte en el lujo de una elite y en la mayor herramienta de control y manipulación de la historia. Aquí encontramos precisamente la respuesta a eso que está mal en el mundo, a la causa y raíz de guerras, hambre, pobreza y desigualdad.

Según un informe de la Organización para la Cooperación y el Desarrollo Económico (OCDE), publicado por el Foro Económico Mundial en agosto de 2018, se describe la situación actual de la pobreza internacional con el siguiente tono periodístico:

Los pies descalzos de Nigua, una niña colombiana de 9 años, la llevan a toda velocidad por las tambaleantes tablas de madera de San Vicente, uno de los barrios más pobres de una ciudad capital en Colombia llamada Quibdó. Dos metros abajo está el agua del río Atrato, que en la noche se creció. Las tablas, sostenidas por pilotes, son lo único que se conserva medio seco después de horas y horas de lluvia. Lo que seguramente Nigua no sabe es que si no pasa algo extraordinario tendrá que esperar 330 años para salir de la pobreza, el equivalente a 11 generaciones.

El estudio, que se extendió por cuatro años e incluyó a más de veinte países en distintas partes del mundo, también señala que «la movilidad social se estancó y la desigualdad aumentó en la última década». Entre sus conclusiones, el informe establece que «para salir de la pobreza, un niño tendrá que esperar 2 generaciones en Dinamarca, 3 en Finlandia y 5 en Estados Unidos. En América Latina deberá esperar 6 generaciones en Chile y 9 en Argentina. En

Brasil serán 9 y 11 en Colombia».

El problema, según la directora general de la OCDE Gabriela Ramos es que «ha habido un crecimiento excepcional de la riqueza, pero vemos al mismo tiempo cómo hay familias que siguen atrapadas en la pobreza o en trabajos informales de mala calidad».

Como se observa en el estudio anterior, los problemas de pobreza y desigualdad se han acentuado en los últimos diez años, justo después de la crisis financiera de 2008. Fue durante dicha inestabilidad económica que el mundo experimentó, de primera mano, la voracidad del sistema bancario, para manipular los mercados a través de los bonos de deuda y los préstamos *subprime*, que ocasionaron el estallido de la burbuja inmobiliaria de Estados Unidos con graves consecuencias en todas las capas de la sociedad, al perderse millones de empleos y sueños de muchas familias que deseaban tener una casa propia. Se escribieron gran cantidad libros y se realizaron documentales que mostraron cómo, y a pesar de las devastadoras consecuencias de esa manipulación del mercado, prácticamente casi todos los banqueros e intermediarios involucrados terminaron «lavándose las manos» en una de las habituales historias de impunidad de la que curiosamente siempre ha gozado la banca y los políticos de turno.

La película *The big short* (La gran apuesta), basada en el libro homónimo de Michael Lewis (2010) que contiene hechos de la vida real, fue la encargada de mostrar el nivel extremo de descaro y desfachatez de la banca para manipular los mercados, vaciar a la clase productiva o trabajadora y salirse con la suya. Es uno de esos films que vale la pena ver, para dimensionar mejor las causas, así como las razones por las cuales hay algo muy mal en el mundo, que requiere un cambio con urgencia.

En este punto se abre una gran interrogante: ¿cómo es posible que un sistema tan perverso basado en el control y la centralización del dinero se haya logrado mantener durante siglos y aún hoy en día se mantenga sin que la gente lo note o siquiera intente hacer algo al respecto?

TERCERA PARTE

¿HASTA DÓNDE LLEGA LA ESCALOFRIANTE REALIDAD?

Eres un esclavo

Durante el primer encuentro entre Neo y Morfeo, este último le revela a Neo una verdad escalofriante:

MORFEO: La Matrix está donde quiera, a nuestro alrededor, a una hora, está en esta habitación, puedes verla asomándose a la ventana o encendiendo el televisor, la percibes al ir a trabajar, al ir a la iglesia, al pagar impuestos, es el mundo que han puesto ante tus ojos para que no veas la verdad.
NEO: ¿Qué verdad?
MORFEO: Que eres un esclavo Neo. Igual que los demás naciste cautivo. Naciste en una prisión que no puedes probar, tocar ni oler, una prisión para tu mente.

«Una prisión para tu mente», esa es la mejor descripción que se haya podido realizar para mostrar la esclavitud moderna, aquella que no necesita cadenas, jaulas, ni verdugos. Dicha prisión está basada en el **miedo**, el **control** y la **manipulación;** además, se hace de una manera tan sutil e imperceptible que pocos lo hemos logrado discernir, hasta tal punto, que hablar de eso o mencionarlo nos hace ver ante los demás como «locos», «desadaptados» o incluso «herejes».

Cualquier persona con un mínimo de capacidad para entender y cuestionar el mundo en el que vivimos, puede ver claramente cómo a lo largo de la historia hemos sido influenciados por la elite mundial, la cual ha usado de manera eficiente el miedo y el control a través de instituciones ampliamente conocidas como la religión, la política y los medios de comunicación, para crear el mayor sistema de control y manipulación. Esto ha llevado al mundo a aceptar ciegamente un sistema económico, social y monetario impuesto a través de estrategias ampliamente conocidas y documentadas por grandes pensadores como el filósofo Platón a través del famoso Mito de la Caverna y de escritores más contemporáneos como Noam Chomsky con sus libros *¿Quién domina el mundo?* (2016), *Estados fallidos* (2006) y *Comprendiendo el poder* (2002).

¿Qué es la Matrix?

Volviendo a la película y en particular a la escena en la que Morfeo lleva a Neo a la ciudad de Nueva York a través de la simulación, Morfeo le muestra a Neo las personas que están caminando por las calles, «uniformados» y dirigiéndose como «zombis» a sus trabajos. En este punto Morfeo dice:

La Matrix es un sistema, Neo. Ese sistema es nuestro enemigo, estamos adentro. ¿Qué ves a tu alrededor?, ¿ejecutivos?, ¿maestros?, ¿abogados?, ¿carpinteros? Son las mentes de las personas que tratamos de salvar, pero hasta lograrlo, esas personas son parte de ese sistema y, por tanto, son el enemigo. **Tienes que entender, que la gran mayoría no está lista para desconectarse y muchos están habituados, son tan desesperadamente dependientes del sistema, que pelearán por protegerlo.**

Como podemos ver en el diálogo, estamos frente a una de las mayores y más profundas reflexiones de toda la película, en la que se da una clara explicación del porqué la mayoría de las personas no solo son esclavas del sistema, sino que también están dispuestas a protegerlo.

Proteger la Matrix, para aquellos que aún no se dan cuenta de la realidad, significa defender un conjunto de creencias, dogmas y paradigmas que han sido cuidadosamente implantados en la mente subconsciente de los seres humanos durante siglos, y que han sido replicados de generación en generación sin que se cuestionen a los promotores ni las falacias que la sustentan. Sin duda, es el producto de una alianza macabra entre una elite dominante, cuyo mayor poder es el control del dinero, y dos instituciones en particular que se lucran del miedo, de la mentira y de las falsas esperanzas: la política y la religión.

Despertar del miedo y de la manipulación implantada en las mentes de cada ser humano, es normalmente un lento y a veces «complejo» proceso que cada vez más personas logran completar. Es que las falacias sobre las cuales se sustentan cada vez son más expuestas gracias a la era de la información, del conocimiento y de la educación propia que generó internet. En la historia de la humanidad, ahora más que nunca, tenemos a nuestra disposición las herramientas, la información y el conocimiento para dar un vuelco total a nuestra tradición de conformismo y esclavitud. Hablamos de una posibilidad real de cambiar por completo cómo funciona el sistema, un logro que solo se puede obtener en la medida en la que nos demos cuenta de ¿quiénes mueven los hilos?, ¿cuáles son las claves de su fuerza?, ¿cuáles son las bases que los sustentan?, y ¿cuáles son sus mayores debilidades?

Manipulación y control

La manipulación mental procura dominar la voluntad de individuos y grupos de personas a través de la exigencia de comportamientos socialmente aceptables y la tolerancia sin dilación de reglas, dogmas o paradigmas. Es común que los manipuladores usen argumentos que a primera vista parezcan lógicos y morales sabiendo utilizar medias verdades y puntos débiles en los demás.

La manipulación mental se apoya normalmente en los siguientes aspectos:

- El aspecto emocional, el miedo, la angustia, la vergüenza, el pudor, la timidez, la inmadurez psíquica, la esperanza, la necesidad de reconocimiento y de justicia, la confianza, el lazo familiar, la amistad y la necesidad de amor son sentimientos que pueden ser explotados por el manipulador.
- La explotación del sesgo cognitivo por informaciones fingidas. Cuando una persona sigue falsas creencias renuncia al razonamiento, a la lógica, al sentido común.
- Presiones físicas o psíquicas, repetidas o continuas, individuales o en una dinámica de grupo que el manipulador busca controlar.

- El mantenimiento de roles de tipo «chivo expiatorio», en el que un grupo se convierte en «perseguidor» de una víctima que el manipulador mantiene aislada con el apoyo más o menos inconsciente o consciente del grupo.
- El registro de la dominación que se desarrolla en el miedo y los principios de «recompensa», «castigo» y «sumisión».
- Una baja autoestima, el sentimiento de culpa o de inferioridad vuelven a los individuos que son mucho más vulnerables a la manipulación. Dicho sentimiento de culpabilidad ha sido promovido y eficientemente implantado en el subconsciente humano durante siglos por instituciones de control, a través de la perversa pero muy lucrativa idea de que todos somos pecadores y que, por lo tanto, es necesario seguir unas reglas absurdas para lograr la recompensa del cielo o el castigo del infierno. Sin duda, una de las más grandes falacias que hayan sido creadas e inculcadas en la mente humana durante siglos. Este tipo de dogmas sin fundamento son defendidos por hordas de fanáticos que han creado todo tipo de ritos basados en el control y manipulación para tener a millones de personas sumisas, obedientes y enjauladas en una prisión mental que ni siquiera alcanzan a percibir, sentir u oler. Pocas personas han logrado comprender que el universo tiene como leyes y principios el respeto, la transparencia, la integridad y la neutralidad, que funcionan independientemente de si las personas tienen cierta creencia o si practican alguna religión. No se necesita manipular, controlar ni exigir obediencia a un ser humano que entiende y sigue unos principios universales y se responsabiliza de su vida, de sus actos e inclusive asume las

consecuencias de manera consciente, sin sesgos ideológicos o religiosos.

Los mejores aliados de las instituciones políticas y religiosas han sido los medios masivos de comunicación. Según Chomsky (1990), actúan como transmisores de mensajes hacia el ciudadano promedio. Por lo tanto, su función principal es entretener, informar e impartir valores y códigos de comportamiento para propiciar que los individuos se amolden a las estructuras sociales. Todo ello se ve reflejado en el control ejercido por las macroempresas de comunicación, las cuales procuran mayor poderío sobre las masas, que necesitan ser cegadas y distraídas de la realidad. La manipulación mediática surge del interés de los grupos dominantes por conformar una conciencia colectiva, lo que Chomsky (1993) explica con sus propias palabras:

En un Estado totalitario no importa lo que la gente piensa, puesto que el Gobierno puede controlarla por la fuerza empleando porras. Pero cuando no se puede controlar a la gente por la fuerza, uno tiene que controlar lo que la gente piensa, y el medio típico para hacerlo es mediante la propaganda (manufactura del consenso, creación de ilusiones necesarias), marginalizando al público en general o reduciéndolo a alguna forma de apatía.

En este sentido, el francés Sylvain Timsit resumió en su texto *Stratégies de manipulation* (2002) las diez estrategias más importantes de manipulación mental realizadas por los grandes medios de comunicación. Un resumen que fue atribuido originalmente a Chomsky, dado que en dicho documento se presentan las ideas expresadas por él sobre este tema:

Diez estrategias principales de manipulación mental

1. La estrategia de la distracción

El elemento primordial del control social es la estrategia de la distracción, que consiste en desviar la atención del público de los problemas importantes, así como de los cambios decididos por las elites políticas y económicas, mediante la técnica del diluvio o inundación, que se basa en continuas distracciones por medio de informaciones insignificantes. La estrategia de la distracción es igualmente indispensable para impedir al público interesarse por los conocimientos esenciales en el área de la ciencia, la economía, la psicología, la neurobiología y la cibernética.

Mantener la atención del público distraída, lejos de los verdaderos problemas sociales, cautivada por temas sin importancia real. Mantener al público ocupado, ocupado, ocupado, sin ningún tiempo para pensar; de vuelta a granja como los otros animales (*Armas silenciosas para guerras tranquilas*, 1979).

2. Crear problemas y después ofrecer soluciones

Este método también es llamado «problema-reacción-solución». Se crea una «situación» prevista, para causar cierta reacción en el público a fin de que las propias personas afectadas sean quienes propongan las medidas que se desean aceptar. Por ejemplo: dejar que se desenvuelva o se intensifique la violencia urbana o, bien sea, organizar atentados sangrientos, a fin de que el público sea el demandante de leyes de seguridad y políticas en perjuicio de la libertad. También se podría crear una crisis económica con la intención de que se logre aceptar, como un mal necesario, el retroceso de los derechos sociales y el desmantelamiento de los servicios públicos.

3. La estrategia de la gradualidad

Para hacer que se acepte una medida inaceptable, basta aplicarla gradualmente, a cuentagotas, por años consecutivos. Es de esa manera que condiciones socioeconómicas radicalmente nuevas (neoliberalismo) fueron impuestas durante las décadas de 1980 y 1990: Estado mínimo, privatizaciones, precariedad, flexibilidad, desempleo en masa, salarios que ya no aseguran ingresos decentes, cambios que hubieran provocado una revolución si hubiesen sido aplicadas de una sola vez.

4. La estrategia de diferir

Otra manera de implementar una decisión impopular es la de presentarla como «dolorosa y necesaria», obteniendo la aprobación pública, en el momento, para una aplicación futura. Es más fácil aceptar un sacrificio futuro que uno inmediato. Primero, porque el esfuerzo no es empleado inmediatamente. Luego, porque el público, la masa, tiene siempre la tendencia a esperar ingenuamente que «todo irá mejorar mañana» y que el sacrificio exigido puede ser evitado. Esto da más tiempo al público para que se acostumbre a la idea del cambio, así como de aceptar la transformación con resignación cuando llegue el momento.

5. Dirigirse al público como criaturas de poca edad

La mayoría de la publicidad dirigida al gran público utiliza discursos, argumentos, personajes y entonación particularmente infantil, muchas veces próximos a la debilidad, como si el espectador fuese una criatura de poca edad o un deficiente mental. Cuanto más se intente buscar engañar al espectador, más se tiende a adoptar un tono ingenuo, ¿por qué?

Si uno se dirige a una persona como si tuviese doce años de edad o menos, entonces, en razón de lo fácil que puede ser persuadido, tenderá, con cierta probabilidad, a dar una respuesta o reacción desprovista de un sentido crítico, como la de una persona de doce años o menos (*Armas silenciosas para guerras tranquilas,* 1979).

6. Utilizar el aspecto emocional mucho más que el reflexivo

Hacer uso del aspecto emocional es una técnica clásica para causar un corto circuito en el análisis racional y, finalmente, en el sentido crítico de los individuos. Por otra parte, el uso del registro emocional permite abrir la puerta de acceso al inconsciente para implantar o insertar ideas, deseos, miedos, temores y compulsiones o inducir comportamientos.

7. Mantener al público en la ignorancia y la mediocridad

Hacer que el público sea incapaz de comprender las tecnologías y los métodos utilizados para su control y su esclavitud.

La calidad de la educación dada a las clases sociales inferiores debe ser la más pobre y mediocre posible, de forma que la distancia de la ignorancia que planea entre las clases inferiores y las clases sociales superiores sea y permanezca imposible de alcanzar para las clases inferiores (*Armas silenciosas para guerras tranquilas,* 1979).

8. Estimular al público a ser complaciente con la mediocridad

Promover al público a creer que está moda el hecho de ser estúpido, vulgar e inculto.

9. Reforzar la autoculpabilidad

Hacer creer al individuo que solo él es el culpable de su propia desgracia, a causa de la insuficiencia de su inteligencia, de sus capacidades o de sus esfuerzos. Así, en lugar de rebelarse contra el sistema económico, el individuo se culpa, lo que genera un estado depresivo, uno de cuyos efectos es la inhibición de su acción ¡Y, sin acción, no hay revolución!

10. Conocer a los individuos mejor de lo que ellos mismos se conocen

En el transcurso de los últimos cincuenta años, los avances acelerados de la ciencia han generado una creciente brecha entre los conocimientos populares y los poseídos e incluso utilizados por las elites dominantes. Gracias a la biología, la neurobiología y la psicología aplicada, el «sistema» ha disfrutado de un conocimiento avanzado del ser humano, tanto de forma física como psicológicamente. El sistema ha conseguido conocer mejor al individuo común de lo que él se conoce a sí mismo. Esto significa que, en la mayoría de los casos, el sistema ejerce un control mayor y un gran poder sobre los individuos, mayor que el que ellos tienen sobre sí mismos.

Los arquitectos de la Matrix

Si puedes controlar la mente humana, puedes controlarlo todo. Esa parece ser la consigna de los arquitectos de la Matrix en la cual vivimos, y es que cada día queda en evidencia la fragilidad del ser humano al convertirse en presa fácil de manipuladores y estafadores a gran escala, quienes distraen a la gente a tal punto de los verdaderos causantes de las crisis mundiales, que solo un pequeño grupo de personas puede darse cuenta del gigantesco engaño.

Durante el encuentro de Neo y el arquitecto, presentado en la segunda entrega de la película, se da una conversación que demuestra la fragilidad de la Matrix al no lograr controlar el 100 % de los seres humanos, lo cual deja claro que a pesar de que somos pocos, tenemos el poder de desestabilizar el sistema y reclamar nuestra libertad.

ARQUITECTO: Hola Neo.
NEO: ¿Quién es usted?
ARQUITECTO: Yo soy el arquitecto, el creador de la Matrix. Te estaba esperando. Tienes muchas preguntas y aunque el proceso ha alterado tu conciencia, sigues siendo indefectiblemente humano, ergo, habrá respuestas que comprendas y habrá otras que no. De igual modo, aunque tu primera pregunta tal vez sea la más

pertinente, es posible que estés consciente de que también es la más irrelevante.

NEO: ¿Por qué estoy aquí?

ARQUITECTO: Tu vida solo es la suma del resto de una ecuación no balanceada inherente a la programación de la Matrix. Eres el producto eventual de una anomalía, que a pesar de mis denodados esfuerzos no he sido capaz de suprimir de esta... armonía de precisión matemática. Aunque sigue siendo una incomodidad que evito con frecuencia, es previsible y no escapa a unas medidas de control que te han conducido inexorablemente... hasta aquí.

NEO: No ha respondido mi pregunta.

ARQUITECTO: Muy cierto. Interesante, eres más rápido que los otros.

Más adelante, en el mismo diálogo, la conversación continúa y el arquitecto menciona algo clave:

ARQUITECTO: La primera Matrix que diseñé era casi perfecta, una obra de arte. Precisa, sublime, un éxito, solo equiparable a su monumental... falló. Su inminente fracaso se me presenta ahora como una consecuencia de la imperfección inherente a todos los humanos. Por eso la rediseñé y la basé en otra historia, para reflejar con exactitud las extravagancias de su naturaleza. A pesar de ello, tuve que afrontar otro fracaso. Entonces comprendí que la respuesta se me escapaba, porque requería una mente inferior o, por lo menos, no tan limitada por los parámetros de la perfección. Otro programa intuitivo que yo había creado, en principio, para investigar ciertos aspectos de la psique humana, fue lo que dio con la respuesta de un modo fortuito. Si yo soy el padre de la Matrix, ella es, sin duda alguna, su madre.

NEO: El Oráculo.

ARQUITECTO: ¡Por favor! Como decía, descubrió una solución según la cual el 99 % de los individuos aceptaba el programa mientras pudieran elegir, aunque únicamente lo percibieran en un nivel casi inconsciente. **A pesar de que esta solución funcionó, presentaba un importante defecto de base, con lo cual generaba una contradictoria anomalía sistémica que de no regularse podría poner en peligro al propio sistema. Si no se regulaba a aquellos que no aceptaban el programa, aunque fueran una minoría, constituirían una creciente probabilidad de desastre.**

Es precisamente en este punto en donde queda claro que solo hay un pequeño grupo de seres humanos despiertos que tiene el poder de desestabilizar la «ecuación», para así liberarse de la regulación y el control de quienes usan la manipulación como arma que mantiene su sistema «balanceado» sin ninguna anomalía. Y es precisamente aquí donde surge una gran interrogante que, a su vez, podría ser la clave para terminar con la Matrix: **Si la principal herramienta de control del sistema es el dinero, ¿qué sucedería si le quitáramos, de una vez por todas, ese poder?** Dicha interrogante plantea un gigantesco avance para la humanidad. Un cambio de estas dimensiones fue alguna vez considerado como algo utópico, imposible o irrealizable hasta hace casi diez años, en el 2008, cuando la tecnología más disruptiva de la historia se desplegó ante el mundo por primera vez.

CUARTA PARTE

BITCOIN: DESBALANCEANDO LA ECUACIÓN DEL CONTROL

El Bitcoin, moneda y sistema de pagos descentralizado que nadie puede manipular o controlar, puede ser usado en cualquier parte del mundo, no pierde valor a causa de la inflación, brinda al ser humano, por primera vez en la historia, el poder de crear un sistema monetario transparente y justo para las mayorías, y, por lo tanto, es la llave para liberarnos de la Matrix.

El nacimiento del Bitcoin, como primera moneda y primer sistema de pagos descentralizado del mundo que se introdujo en la Matrix en el año 2008, se constituyó como la más simple y, a la vez, más brillante creación diseñada para desbalancear la Matrix del control, centralización y manipulación. Su nivel de simplicidad ha desafiado y sigue desafiando la lógica e incluso el intelecto de millones de personas, entre las que se encuentran economistas, ingenieros, matemáticos, intelectuales y pseudointelectuales. Estos, con mentalidad de control y cegados por sus propios paradigmas, siguen sin poder entender un avance tan disruptivo, el cual tiene la capacidad de reemplazar el sistema monetario y financiero actual que le devolvería a las mayorías el control sobre su dinero y su futuro.

Bitcoin-Blockchain: Un nuevo mundo de posibilidades y oportunidades

Tal como lo describió Satoshi Nakamoto, creador del Bitcoin, en un texto publicado en el blog de la *P2P Foundation* (2009):

El problema principal con las monedas convencionales es que necesitan toda la confianza requerida para hacerlas funcionar. Se le debe brindar al banco central esa confianza para que no devalúe el capital, pero la historia de la moneda fiat está llena de violaciones a esa confianza. Entregamos al banco nuestro dinero con la firme convicción de que lo conservará y lo transferirá electrónicamente, pero ellos lo prestan en ondas de burbuja crediticia manteniendo apenas una fracción en reserva. Tenemos que confiarle a la entidad bancaria nuestra privacidad, para que no permita a ladrones de identidad vaciar nuestras cuentas. Sus excesivos costos asociados hacen imposibles los micropagos.

Debido a esto, el mismo Nakamoto planteó en *El libro blanco del Bitcoin* (2008):

Lo que se necesita es un sistema de pago electrónico basado en pruebas criptográficas en lugar de la confianza, permitiendo que cualquiera de las dos partes esté dispuesta a realizar transacciones directamente entre sí, sin la necesidad de un tercero de confianza.

La esencia del Bitcoin y la tecnología Blockchain

Salir de la Matrix y escapar de todos sus sistemas de miedo o manipulación, implica dejar atrás la mentalidad de avaricia, centralización y control bajo los cuales funciona el sistema, para abrazar los nuevos paradigmas sobre los que se despliega el Bitcoin y la tecnología Blockchain. La esencia de toda esta nueva revolución se basa en 5 principios fundamentales:

Abierta: Todo el código sobre el cual funciona el Bitcoin es *Open source* (código abierto), es decir, nadie tiene el control, la patente o el derecho de intervenir de manera unilateral en el funcionamiento del sistema. El código es de dominio público y, por lo tanto, está disponible para toda la comunidad, con el fin de que cada uno de los avances e innovaciones que se den dentro del sistema favorezcan a los usuarios y participantes. Según un informe del *Standing group*, publicado en la revista *Free Software Magazine* (2008): «La incorporación de los modelos de software de código abierto le ha dado como resultado a los consumidores un aproximado de 60 mil millones de dólares en ahorros por año».

Sin Fronteras: No existen límites fronterizos para los países que usan esta nueva tecnología. Literalmente, cualquier persona que tenga acceso a internet en cualquier parte del mundo tiene la posibilidad, así como la oportunidad, de participar sin importar el país del cual provenga ni en qué lugar se encuentre. Esto también significa que ninguna nación o Gobierno en particular está en la capacidad de manipular, controlar o intervenir para evitar que otros Estados o ciudadanos puedan hacer parte de esta comunidad mundial.

Sin intermediarios: Por primera vez en la historia nace una tecnología que no necesita de terceros para su funcionamiento. Este es, sin duda, uno de los elementos más disruptivos del Bitcoin y la tecnología Blockchain, ya que al quitarle el poder de intermediación a la elite que controla la Matrix, la estamos dejando sin su mayor arma de control y manipulación, el dinero. En esta nueva revolución, la confianza está en la red del Bitcoin y nadie está en capacidad de intermediar y sacar provecho de los demás usuarios.

Neutral: La tecnología del Bitcoin no funciona en base a los intereses de instituciones, Gobiernos o personas en particular. Todo el mundo sigue y se acoge a las reglas de consenso de manera neutral. No importa quién sea el recipiente, si el emisor o el receptor

Resistente a la censura: Es imposible que actores, participantes o usuarios del sistema puedan restringir, vetar, censurar, negar o bloquear transacciones e incluso personas a voluntad. Solo esta característica permitirá que millones de países y personas en el mundo, sin acceso a una cuenta bancaria, puedan beneficiarse con el nuevo sistema monetario

Las cuatro tecnologías que respaldan el Bitcoin.

El Bitcoin incorpora 4 tecnologías claves que han sido ampliamente divulgadas en los libros y conferencias de Andreas Antonopoulos, experto destacado y conocedor de toda la tecnología Blockchain en su conjunto.

1. Tecnología Blockchain: Gigantesco libro de cuentas en el que se entrelazan y cifran los registros de las transacciones (los bloques), para proteger la seguridad y privacidad de las operaciones. También se puede definir como una base de datos distribuida y segura que está compuesta de usuarios (nodos computacionales), capaces de verificar esas transacciones para validarlas y registrarlas en ese gigantesco libro de cuentas.

2. *Peer-to-peer (P2P) Network:* Una red P2P es aquella en la que los nodos cumplen la función de servidores y clientes, sin que exista ningún tipo de jerarquía al respecto. Por lo tanto, en una red con estas características, cada computadora estaría en un plano de igualdad con las demás, haciendo que permanezca una comunicación de tipo horizontal.

3. *Proof of Work* (PoW): La prueba de trabajo PoW es el mecanismo de consenso que se utiliza para probar que una transacción es verdadera y válida. Para esto, se usa un algoritmo informático capaz de determinar cuál de los bloques se agregará a la cadena después del minado.

4. Criptografía: La palabra criptografía proviene del griego *criptos* que significa «oculto» y *grafe* que equivale a «escritura», y alude textualmente a la «escritura oculta». La criptografía es la ciencia que resguarda documentos y datos que actúan a través del uso de las cifras o códigos. El propósito fundamental con el Bitcoin es proteger la información haciéndola segura, inmodificable e infalsificable.

Ventajas del Bitcoin:

Entre las principales ventajas del Bitcoin encontramos:

- Simplifica y hace más fáciles los pagos, así como las transacciones de persona a persona, ya que elimina los intermediarios que solo agregan costos y no aportan valor.
- Impide que el dinero sea duplicado o alterado como lo hacen los bancos a través del «fraccionamiento bancario» ni como lo hacen los estafadores al crear papel moneda falso o cheques sin fondos.
- Ofrece mayor privacidad y seguridad en las transacciones, ya que se hacen a través de algoritmos criptográficos complejos, los cuales permiten que el dinero esté más seguro que en cualquier banco.
- Elimina barreras geográficas y políticas, debido a que pueden realizarse transacciones con personas o instituciones desde cualquier parte del mundo.
- Está disponible los siete días de la semana, las 24 horas del día, por lo que no se depende de bancos ni de horarios de oficina.
- Impide la congelación arbitraria de fondos por parte de personas o entidades centralizadas.
- Se puede guardar en múltiples localizaciones de manera simultánea sin que se configure la duplicación del mismo.
- No requiere el permiso o la confianza de un tercero, de una entidad o de un sistema centralizado para operar, brindándole a las personas el 100 % de responsabilidad para que manejen sus transacciones.
- A diferencia de las monedas de curso normal, no puede falsificarse, en vista de que los nodos de toda la red Blockchain verifican cada transacción y la identidad

encriptada de la misma, guardando el registro de los fondos transados.
- Es divisible, según las necesidades monetarias de un individuo, con el fin de usarse de forma fácil y práctica por cualquier persona. Devuelve a las personas la responsabilidad de manejar sus propios fondos y de ser su propio banco, lo cual impide que un tercero manipule, cambie o use su dinero para otros fines.

La moda de las falsas criptomonedas

El Bitcoin y su enorme capacidad disruptiva dieron lugar a un crecimiento exponencial de su valor durante el año 2017, llegando a estar cada uno en casi veinte mil dólares. Esto acaparó el interés de inversionistas y personas de todas partes del mundo, quienes presenciaron la llegada de todo tipo de monedas, proyectos y plataformas disfrazadas de «Blockchain» con las cuales se buscaba sacar provecho del impacto que produjo esta nueva tecnología. Esto dio lugar a la mayor burbuja de desinformación y codicia que haya visto la comunidad cripto en sus casi diez años de existencia.

En los últimos tres años (2015-2018) aparecieron todo tipo de «proyectos» en el escenario con el disfraz de Bitcoin y Blockchain para crear plataformas, *scamcoins* (monedas estafa), esquemas ponzi, fraudes multinivel y una cantidad de tramas fraudulentas que llegaron buscando intermediar, parasitar y centralizar un ecosistema originado, precisamente, en la necesidad de eliminar el control y centralización del dinero, así como del poder. Afortunadamente, en los últimos meses del 2018, la gran mayoría de esos proyectos y de *Initial Coin Offerings* (ICOs) comenzaron a perder su falso disfraz y seguramente terminarían cayendo por su propio peso, ya que no cumplen con la esencia ni con los principios del Bitcoin mencionados anteriormente, que son, en pocas palabras, la particularidad de esta nueva revolución.

¿Cómo detectar una *scamcoin* (falsa criptomoneda) en 7 pasos?

Teniendo en cuenta la información anterior y el creciente desconocimiento sobre el Bitcoin y la tecnología Blockchain, se hace necesario e indispensable realizar una corta lista de chequeo, que tiene el poder de dejar en evidencia aquellos proyectos sin tecnología Blockchain o que son copias sin identidad de la misma, para que esas criptomonedas o *tokens* terminen siendo solo «humo».

La lista de chequeo a continuación está basada en los libros y conferencias de Andreas Antonopoulos, principal experto a nivel mundial y autor de los libros *Mastering Bitcoin* (2016), *The internet of money* (2017) y *Mastering ethereum* (2018). Antonopoulos y la gran mayoría de expertos coincidimos en advertir que por lo menos un 95 % de las criptomonedas y proyectos actuales desaparecerán muy pronto al no cumplir con las características brindadas a continuación:

1. ¿La criptomoneda es de código abierto (*Open source*)?

Si el proyecto que deseas analizar no tiene un código fuente abierto que esté disponible para la comunidad, estás ante una señal clara y contundente de centralización y control. Recuerda que la esencia del

Bitcoin y la tecnología Blockchain es la descentralización, lo cual significa que no hay secretos y todo se rige bajo el principio de la transparencia. Si un proyecto no cumple con esta característica, evidentemente está en el lugar equivocado o simplemente está intentando usar el lucrativo disfraz de «Blockchain» para atraer incautos.

2. ¿La criptomoneda cuenta con una red P2P (*peer to peer*)?

En las redes P2P, componente esencial del Bitcoin y la Blockchain, los nodos cumplen la función de servidores y clientes, por lo que no existe ningún tipo de jerarquía. Si las transacciones se hacen a través de uno o varios servidores que controlan y centralizan las operaciones, no es necesario buscar más, es una estafa.

3. ¿La criptomoneda cuenta con algoritmos criptográficos que protejan las transacciones y la misma moneda de copias, falsificaciones o modificaciones?

Si el proyecto, moneda o *token* en el que inviertes no cuenta con esta característica ¿entonces de dónde saca la palabra cripto? A ese nivel de desfachatez solo puede llegar un fraude o *scamcoin*.

4. ¿La criptomoneda puede ser usada en cualquier país sin restricciones de comunidades o grupos específicos: Borderless-Transnational?

Si la criptomoneda, que a veces también se la puede ver disfrazada de «token», está limitada a un solo grupo o segmento poblacional y no puede ser usada en todo el mundo, se trata simplemente de una moneda tipo fíat disfrazada o una *scamcoin* que busca aprovechar el impulso de esta tecnología para lucrar a unos pocos. Este tipo de proyectos fraudulentos normalmente no cumplen con ninguna de las características aquí listadas.

5. ¿La criptomoneda o el proyecto tiene intermediarios visibles?

Criptomonedas que patrocinan eventos hacen *airdrops* con departamentos de publicidad y mercadeo, teniendo abordo a un «genio» que copió y pegó el código fuente de otra criptomoneda, por lo general el Bitcoin, con la excusa de ofrecer mejoras o innovaciones; e incluso, peor aún, ofrecen proyectos multinivel que afirman crear monedas «no fluctuantes», a través de la «minería privada» y llegan a intermediar donde nadie los necesita. La falacia a veces llega a un punto tal, que ni siquiera listan la «criptomoneda» en un *exchange* público, porque saben que perderían el control de su lucrativo fraude. Recuerden que la esencia de la tecnología está en eliminar intermediarios, no en crear unos nuevos.

6. ¿La criptomoneda tiene un mecanismo de consenso?

Es esencial que una criptomoneda tenga un mecanismo de consenso *Proof of Work* (PoW) o *Proof of Stake* (PoS) que permita validar las transacciones, así como garantizar la seguridad, transparencia y confiabilidad de la red de pagos e inclusive de la misma moneda. Si no lo tiene o se inventan cualquier excusa para eludir este componente esencial, no hay necesidad de analizar más, te están engañando.

7. ¿La criptomoneda es neutral y resistente a la censura?

Si la criptomoneda sirve a los intereses de un grupo en particular, tal como un país, una empresa o un Gobierno en particular, significa que no existe neutralidad, una clara señal de intermediación, centralización y control. Si además de esto, existe la más mínima posibilidad de que transacciones, usuarios o participantes puedan ser vetados, bloqueados o restringidos por cualquier motivo, significa que la moneda en cuestión es una fiat disfrazada de criptomoneda o peor aún una *scamcoin* más.

La información anterior deja en evidencia una contundente verdad y una preocupante realidad, ya que al hacer un análisis de los más de 1.800 proyectos listados en el ecosistema hasta agosto de 2018, podemos ver claramente que la cifra del 95 % de proyectos destinados a fracasar podría alcanzar el 98 o 99 %, consecuencia de la ambición desmedida de cientos de personas y falsos proyectos que no buscaron aportar valor al ecosistema, sino que llegaron a invadirlo cual parásitos y aprovecharon el auge de esta tecnología para lucrarse a su antojo. Tal como lo veremos en los meses que vienen, la gran mayoría de esos proyectos fraudulentos quedarán expuestos y su disfraz de Blockchain caerá dejando a su paso grandes enseñanzas, así como un ecosistema libre de parásitos. Será en este punto, en donde la revolución echará raíces aún más fuertes y avanzaremos a niveles nunca antes vistos.

La mayor paradoja de la historia

La actividad más importante que un ser humano puede lograr es aprender para entender, porque entender te hace libre.
Spinoza.

Después de ver y analizar las grandes ventajas del Bitcoin y su capacidad de desbalancear la ecuación de control de la Matrix, surge una gran interrogante: ¿Por qué las mayorías siguen sin ver o entender esta revolución? En palabras simples, **¿cómo es posible que tengamos en nuestras manos la clave para solucionar muchos de los grandes males que aquejan a la humanidad y no estemos todos apoyando o creando los medios para que esa revolución tenga lugar lo más pronto posible?**

La respuesta es evidente y nos lleva de regreso a la escena de *Matrix* que mencionamos anteriormente, en la que Morfeo le explicó a Neo cómo la gran mayoría de seres humanos son tan dependientes del sistema, que están dispuestos a defenderlo. A pesar del sombrío escenario, hay luces al final del túnel indicando que un creciente grupo de seres humanos, quienes ya despertamos para liberarnos de las cadenas mentales de manipulación y control de la Matrix, estamos listos y dispuestos a infiltrar el sistema con la intención de crear lo que se denomina como una «masa crítica de individuos», comunidad de seres humanos lo suficientemente representativa como para llevar la Matrix a su inevitable colapso. Lo anterior, sin lugar a dudas, nos llevará a una nueva era de libertad y prosperidad para todos los seres humanos. Ahora bien, ¿estás dispuesto y preparado para asumir el reto?

Los infiltrados

Si deseas hacer una diferencia en el mundo, debes ser diferente al resto del mundo.
Elain Dalton

La historia de *Matrix* nos muestra una serie de personajes únicos con diferentes talentos y personalidades, pero todos buscan algo en común: respuestas.

Es importante tener claro que dentro de la Matrix de control en la que vivimos, las mayorías siguen un patrón común: nacer, crecer, estudiar, conseguir un empleo, tener hijos, pensionarse (si tiene suerte) y morir. Sin duda alguna, se trata de una predecible y repetitiva historia con un triste final, siendo esta la mejor representación de una malísima película, en la que todos saben qué sucederá cuando termine.

Es en este punto cuando un grupo de seres humanos se cuestiona y empieza a detectar que algo no está bien en el mundo y decide buscar la verdad, saliéndose así del guión de la película que están viviendo. Su pesquisa los lleva a descubrir que efectivamente hay un mundo más allá de lo que les estaban vendiendo los agentes y arquitectos de la Matrix; por lo que, se dedican, de manera individual o con otros seres humanos, a dejar pistas y rastros de que sí puede haber un mundo libre, un mundo mejor.

A lo largo de la historia hemos escuchado e incluso visto personas que se han convertido en símbolo de la justicia, la igualdad y la libertad. Seres humanos que han dejado huella y han marcado la diferencia, precisamente por ser distintos a los demás, inmortalizaron su legado en libros, películas, músicas, inventos, creaciones y filosofías puestas a disposición de la humanidad a lo largo del tiempo, para que quienes tengan ese mismo espíritu de pasión y libertad sepan que no están solos, porque en años pasados y en la actualidad podemos saber de muchas personas como nosotros, dispuestas a descubrir y recorrer esos nuevos territorios en ese mundo donde todo es posible.

Este grupo de seres despiertos se ha filtrado en la Matrix para mostrarnos un camino y ayudarnos a despertar también. Tal como lo vimos en la película, abrir los ojos no es fácil, ya que implica dejar atrás todo tipo de creencias, limitantes, además de paradigmas con los que funciona la Matrix y bajo los cuales crecimos o nos educamos. Así lo explico en mi libro *Bitcoin y Blockchain: La mentalidad de gallina* (2018):

Quienes se identifican con lo descrito anteriormente son el reflejo de un nuevo tipo de sociedad, una que se está gestando lentamente en todos los rincones del mundo, que no «traga entero», que no acepta tantos dogmas absurdos y que se cansó de presenciar demasiada injusticia, exceso de sin sentido y hoy más que nunca exige un cambio.

Negación, la conducta humana más predecible

Regresando a la película, podemos ver una escena muy interesante que demuestra la conducta humana más predecible de todas: la negación. Esta surge en cada ser humano como respuesta inmediata ante la incapacidad momentánea o permanente de comprender algo y la cual, casi siempre, está relacionada con el sistema de creencias o paradigmas impuestos por la Matrix y el sistema educativo.

Una vez Morfeo le muestra a Neo la realidad con evidencias y argumentos, la respuesta de Neo no se hace esperar:

MORFEO: Estando ahí, viendo la pura y horrible precisión, pude darme cuenta de la obvia verdad: ¿Qué es la Matrix? Control. La Matrix es un mundo de sueños computarizados, hecho para tenernos controlados y así convertir al ser humano en «esto».
(Morfeo muestra a Neo una pila o batería).
NEO: ¡NO! Es increíble, imposible.
MORFEO: No dije que sería sencillo, solo que sería la verdad.
NEO: ¡Ya basta! ¡Quiero salir!, ¡quiero salir!

La escena en la que Morfeo muestra la batería es una gran metáfora que da a entender cómo el sistema social, económico y monetario actual lleva siglos esclavizando a los seres humanos, para usar toda su energía productiva en el beneficio de una elite invisible que se lucra cada día a expensas de los demás.

La negación manifiesta de Neo, a pesar de la evidencia, es la respuesta predecible de todos los seres humanos cada vez que alguien intenta mostrarles la verdad. Una manera de darse cuenta de esto y de entenderlo mejor ocurre cuando estás en un sueño profundo, pero una persona intenta despertarte. La primera reacción siempre será enojarte con quien te obligó a abrir los ojos, y esto llega a un punto tal que la mayoría prefiere regresar a ese sueño profundo, lo cual da una falsa ilusión de aparente comodidad.

Muchos psicólogos e investigadores han estudiado el

fenómeno de negación e incomodidad cuando existe amplia y contundente evidencia de manipulación, además de engaño. Dicho fenómeno lo han denominado «disonancia cognitiva», una teoría que explica el autoengaño, sus orígenes y características.

La disonancia cognitiva fue propuesta por el psicólogo y doctor Leon Festinger, (PhD) en Psicología del Desarrollo, en el año 1957, revolucionando así el campo de la psicología social. Festinger demuestra en dicha teoría cómo los individuos experimentan un alto grado de incomodidad, tensión y ansiedad cuando sus creencias o actitudes entran en conflicto con lo que hacen o la evidencia que se les presenta.

Todo lo anterior deja en evidencia una de las razones por las cuales la gran mayoría de las personas defienden la Matrix en la que viven, así como a los arquitectos de la misma. Y es esa razón la que explica por qué los humanos no entienden ni dimensionan el tamaño de la revolución que viene en camino, siendo precisamente esos paradigmas y mapas mentales obsoletos los que obstaculizan la comprensión del nuevo territorio Bitcoin-Blockchain que este libro desea develar.

Nuevo territorio, nuevos paradigmas

Liberarnos de la Matrix implica necesariamente dejar atrás todo tipo de creencias, dogmas y limitantes que son las reglas bajo las cuales funciona la misma. Y es que salir de ella implica acceder a un nuevo mundo donde no existen reglas, control ni regulaciones. Cada ser humano se convierte en el responsable de su propio destino y asume la responsabilidad, así como las consecuencias de sus decisiones.

En una de las escenas más emblemáticas de la película, Morfeo realiza un salto de un edificio a otro y le dice a Neo que él también puede lograrlo, tan solo debe cumplir con un requisito: «Liberar la mente».

NEO: Sé lo que intentas hacer.
MORFEO: Intento liberar tu mente, Neo. Pero yo solo puedo mostrarte la puerta. Tú eres quien la tiene que atravesar. Tank, carga el programa de salto.

Tienes que olvidarlo todo, Neo. El miedo, la duda y la incredulidad. Libera tu mente.

(Morfeo realiza su salto hacia el edificio).
NEO: ¡Vaya! No hay más remedio. Liberaré mi mente. Perfecto. Puedo lograrlo. Liberar mi mente. Liberar mi mente. Lo conseguiré estoy seguro (haciendo gestos).

(Neo salta y cae en el vacío. No logró llegar al otro edificio).
NEO: Creí que no era real (haciendo gestos).
MORFEO: Tu mente hace que lo sea.
NEO: ¿Si te matan en la Matrix también mueres aquí?
MORFEO: El cuerpo no puede vivir sin la mente.

Tal como lo afirmo en mi segundo libro, *Bitcoin y Blockchain: La mentalidad de gallina* (2018):

Nuevas tecnologías, nuevos desarrollos, nuevas formas de ver y entender el mundo requieren de una mentalidad diferente y esto va más allá de las consideraciones puramente filosóficas o académicas. Y es que, por primera vez en la historia, tenemos la posibilidad de transformar drásticamente el mundo en el que vivimos. Esto, en esencia, requiere de un empoderamiento individual y colectivo que nos permita hacer uso efectivo de estas tecnologías innovadoras y en particular la Blockchain, recuperando para las mayorías la libertad de decidir sobre aspectos esenciales de la vida diaria como el dinero, el empleo, la justicia y la privacidad.

Los paradigmas son modelos o patrones de comportamiento que nos permiten interactuar con el mundo y están conformados por todas las ideas, creencias, emociones y actitudes que hemos incorporado como nuestras, a lo largo de la vida, sobre un determinado aspecto de la realidad. En palabras simples, los paradigmas son mapas que nos permiten navegar en un territorio específico.

Un ejemplo didáctico y actual para comprender este aspecto tiene que ver con los recientes avances aeroespaciales para viajar a Marte ¿Tú crees que sería posible explorar ese planeta usando un mapa de la Tierra?, o ¿tal vez crees que sería necesario recorrer Marte y crear un nuevo mapa? Lo anterior conllevaría a dejar atrás el mapa que no me sirve para crear y adoptar uno nuevo. De eso se tratan los paradigmas, mapas mentales y, a veces, teóricos que sirven para recorrer lugares inhóspitos, pero no necesariamente contribuyen en el desarrollo y creación de otros territorios.

En el caso de la tecnología Blockchain, existen grandes paradigmas mentales, económicos, sociales y técnicos que alguna vez funcionaron en el territorio de la centralización y el control, pero ya no se desempeñan en la nueva descentralización creada a partir del Bitcoin y el Blockchain.

Por todo lo anterior es que la evolución y el cambio a nuevas formas de pensar y hacer las cosas requiere necesariamente de romper los viejos paradigmas o formas de pensar que no se aplican en los nuevos avances ni desarrollos.

Territorio fíat vs Territorio Bitcoin

En el cuadro que veremos a continuación analizaremos los paradigmas tradicionales que han llevado a la humanidad al juego del 1 % vs el 99 % y los nuevos paradigmas representados por la revolución Bitcoin-Blockchain.

Territorio moneda fíat Viejos paradigmas	Territorio Bitcoin-Blockchain Nuevos paradigmas
Centralización: La autoridad y el poder siempre están bajo el dominio de una entidad central que toma decisiones, casi siempre, de manera unilateral.	**Descentralización:** La autoridad se amplía a todos los miembros de la red o comunidad y las decisiones se toman por consenso de las mayorías. No existen jerarquías ni autoridades que lleven a cabo acuerdos unilaterales.
Control: Los sistemas están basados en estrictas reglas diseñadas para limitar el poder de decisión a	**Responsabilidad distribuida:** Los sistemas le entregan el poder de decisión a toda la comunidad.

unos pocos.	
Intermediación: Los intermediarios median entre dos o más partes, aumentando el costo y la ineficiencia de los procesos.	**Desintermediación:** No se requieren entidades o mediadores entre las partes, con lo cual se genera mayor eficiencia y disminución de costos.
Desconfianza: Existe un nivel de desconfianza muy alto, lo cual crea todo un mercado de intermediación para buscar credibilidad. Los mediadores, a su vez, con sus prácticas monopolísticas y de manipulación de mercados, minan la confianza de las personas.	**Confianza:** La confianza pasa de estar en manos de un intermediario a una tecnología neutral, transparente y no manipulable (Blockchain). Avanzados algoritmos criptográficos que funcionan a partir de la inmutabilidad de las matemáticas se convierten en los nuevos guardianes de la confianza.
Manipulación: El poder es entregado a unos pocos para tomar decisiones. Eso es y ha sido históricamente aprovechado para manipular, así como para acomodar intereses personales a costa de las mayorías.	**Liberación:** Cada persona en la comunidad es responsable de tomar decisiones y asumir las consecuencias. Los intereses individuales y colectivos cobran un nuevo sentido y valor.

Jerarquización–Estructuras piramidales:	Estructura en red:
Las estructuras de poder y servidumbre en el que un 1 % se beneficia del esfuerzo de la base productiva y trabajadora siguen intactas después de siglos de avances y tecnologías.	Todas las personas de la red están en las mismas condiciones y ya no existen jerarquías. Cada persona puede ser un usuario o un servidor a la vez, capaz de proteger y resguardar la información.
Interés individual:	**Interés colectivo:**
El interés de cada individuo está primero que el del colectivo. Esto ha llevado a todo tipo de desequilibrios sociales en el que el lema parece ser «sálvese quien pueda».	El interés individual es muy importante en la medida en que se tiene también en cuenta el interés colectivo (Equilibrio de Nash).
Ganadores y perdedores:	**Relaciones ganar-ganar:**
Siempre hay un ganador y un perdedor. Se cree que alguien debe perder para que otro gane.	Por primera vez en la historia se generan sistemas de valor y relaciones ganar-ganar, en la que se busca siempre el beneficio de ambas partes.
La responsabilidad recae en	**La responsabilidad es**

un tercero de «confianza»:	individual:
La responsabilidad de las decisiones es siempre de un tercero (bancos, Gobiernos, políticos, entre otros) y las consecuencias son asumidas por los individuos.	Cada persona es responsable de ser su propio banco, de manejar su información y de participar en los mecanismos de consenso. Esto, a su vez, implica que las consecuencias se reflejen a nivel individual y colectivo.
Dependencia:	**Interdependencia:**
Se depende siempre de un tercero y de otras personas para que las cosas funcionen.	Las decisiones y el control dependen de cada uno y de toda la colectividad al mismo tiempo.
Visión y filosofía darwiniana:	**Visión de cooperación y sinergia:**
Competencia en la que el más fuerte siempre gana.	La nueva filosofía está basada en la capacidad de adaptación y colaboración para crear sinergia colectiva y comunidad.

Pasar de un mundo centralizado, controlado y manipulado a un mundo de descentralización, libertad y responsabilidad no es y no será fácil para unas mayorías acostumbradas a depender de intermediadores (bancos, Gobiernos, políticos, grandes empresas), que históricamente han aprovechado su poder para controlar y manipular el dinero, los mercados e inclusive las conciencias individuales y colectivas en favor de una pequeña, pero poderosa elite. Como podemos ver, el nuevo territorio requiere de modernas teorías, paradigmas y formas de observar el mundo en el que vivimos. Hablamos de realizar una transformación histórica, nunca antes imaginada, que siempre fue vista por muchos como algo utópico e irrealizable. Es precisamente en este punto en el que podemos darnos cuenta de las causas de la confusión, la desinformación y, por ende, del estancamiento de la nueva revolución. Todos parecen sufrir el síndrome de Marte.

El síndrome de Marte

A pocos meses de cumplirse diez años de aquel 3 de febrero de 2009, día en el que se minó el bloque génesis, dando a origen oficial al Bitcoin y la tecnología Blockchain, nos encontramos en medio de un panorama en el que reina la confusión y la desinformación, debido a que las grandes mayorías, con sus paradigmas y viejos mapas mentales, desean navegar en un territorio nuevo e inexplorado. En pocas palabras, desean recorrer Marte con el mapa de la Tierra, metáfora de lo que sucede con el mundo.

Las evidencias de la confusión generalizada saltan a la vista, solo basta observar los miles de proyectos y falsas criptomonedas creadas con el disfraz de Bitcoin y Blockchain que abundan en el ecosistema, pero a todas luces tratan de proyectos manipulados y centralizados sin neutralidad ni transparencia. Muchos de esos proyectos han creado todo tipo de *forks* y copias fraudulentas de Bitcoin con la excusa de solucionar algún problema que puede estar asociado con la privacidad, el crecimiento o velocidad de la transacción, que la misma tecnología solucionará con el tiempo, sacrificando así la esencia de la nueva revolución, la cual se basa en la descentralización, desintermediación, confianza, neutralidad y transparencia. Proyectos tales como *ripple*, *dash*, monero, entre otros, llegaron a dividir y no a sumar ni a agregar valor, haciendo que quede en evidencia al comprender los nuevos paradigmas del nuevo territorio.

Mitos sobre el Bitcoin y la tecnología Blockchain

Los mitos basados en información falsa, incompleta o parcializada están a la orden del día en el ecosistema Blockchain, todo a causa nuevamente de la incapacidad de las mayorías en comprender una revolución tan disruptiva y dimensionar los enormes cambios que se avecinan. En mi libro *Bitcoin y Blockchain: La mentalidad de gallina* (2018) se abordaron varios de los mitos más comunes sobre el Bitcoin. No obstante, siguen surgiendo nuevas historias a medida que avanza esta gran revolución. A continuación veremos algunos de los mitos más relevantes en la actualidad:

Mito 1. El Bitcoin no está respaldado en nada

Este es uno de los mitos más esparcidos por aquellos que se niegan a entender el tamaño de la revolución que viene en camino. Una de las mejores formas de abordar este mito es preguntarle a esa persona: ¿Qué respalda una moneda?, ¿qué respalda a las monedas fíat, el dólar, el euro, el peso? Las respuestas dejan en evidencia no solo un nivel muy alto de ignorancia, sino que también muestran la mentalidad de gallina y de loro en acción.

Es importante recordar a quienes afirman que la moneda está respaldada por el oro o la plata, que las monedas fíat de todo el mundo dejaron de estar sustentadas en estos metales desde el año 1971, cuando Richard Nixon, presidente de Estados Unidos en ese momento, anunció oficialmente el fin del sistema de patrón oro en la política monetaria internacional, acordado en la conferencia de Bretton Woods (New Hampshire, EUA). Vale la pena recordar que fue en esa conferencia, desarrollada entre el 1 y 22 de julio de 1944, poco antes del fin de la Segunda Guerra Mundial, cuando se estableció que las dos monedas de reserva con respaldo metálico serían el dólar y la libra esterlina del Reino Unido, convirtiéndose ambas en el eje de las transacciones internacionales.

Todas las monedas fíat están «respaldadas» en la «credibilidad social» de la solvencia del país. La palabra proviene del latín *fiat*, que significa «hágase» o «que así sea». Tiene ese nombre, porque existe por decreto, por orden de la autoridad que gobierna. No se puede cambiar por oro ni por plata, es decir, está respaldado en «nada», y al no estar respaldado en algo se puede imprimir con tan solo presionar un botón, lo cual significa que entre más billetes se imprimen, menos valor poseen; por lo que, quienes tienen esos billetes, devaluados, incurren en el aumento generalizado del precio de los bienes, cayendo en inflación y esto, a su vez, lleva a que las personas pierdan poder adquisitivo, lo que les impide comprar un mismo producto con igual billete en poco tiempo y, por lo tanto, sus ingresos, así como sus ahorros siempre van a valer menos.

Sin duda, se trata de un círculo vicioso y, a todas luces, absurdo que nadie parece comprender. Es importante recordar que la mayor parte de ese dinero es conseguido a través de una alianza macabra entre bancos y Estados corruptos e ineficientes que se endeudan en nombre de sus ciudadanos, quienes con «sacrificio» y «trabajo duro» sostienen a los buitres y parásitos de turno.

Esto, para explicarlo en palabras simples, significa que no importa cuán duro trabajes o qué tanto te esfuerces, casi todo lo que ganas, sea de forma independiente, como empleado o empresario, termina en manos de los bancos, los Gobiernos y los políticos de turno. El sistema en «recompensa» te entrega como salario, cada vez más bajo, las sobras de lo que dejan esos mismos buitres. También te lo puede dar a través de subsidios e incluso en «obras públicas», pero ya sabemos en qué manos puede terminar ese dinero, en la de elites empresariales llenas de beneficios fiscales y contratos manipulados, dejando así al 99 % de la población como apacibles y obedientes esclavos.

El Bitcoin, por el contrario, está respaldado en el activo más valioso de cualquier sociedad, por encima del oro, la plata y cualquier piedra o metal precioso: la confianza. Este activo se sustenta en principios inviolables e inmutables de neutralidad, transparencia, integridad, seguridad y eficiencia. Características que las monedas fiat jamás han tenido y jamás podrán tener, ya que todas, sin excepción, son duplicables, falsificables e ineficientes, causando una enorme desconfianza no solo en ellas, sino en quienes dicen respaldarlas.

La confianza es y será por siempre el eje sobre el cual se fundamenta la sociedad, la economía las relaciones en general. En este sentido, Rachel Botsman (2012), escritora y principal experta mundial en economía colaborativa afirma: «En el siglo XXI las nuevas redes de confianza y el capital de reputación que generan, reinventarán la manera en que pensamos de la riqueza, mercados, poder e identidad personal en formas que ni siquiera podemos imaginar».

Además, Botsman (2012) también afirma de esto:

Vivimos una transición desde unas instituciones centralizadas, jerarquizadas y controladas por unos pocos hacia unas nuevas instituciones: las comunidades conectadas, distribuidas y controladas por muchos. Este es un cambio económico profundo que está democratizando el acceso a la producción, el consumo, la educación y las finanzas, que son los cuatro pilares de la economía colaborativa.

Mito 2. El Bitcoin es en esencia un activo de especulación

La especulación es el conjunto de operaciones comerciales o financieras que tienen como fin obtener un beneficio económico aprovechando la fluctuación de precios en el tiempo mediante la inversión de un capital; es decir, comprar barato para vender caro. La característica principal es que el especulador nunca va a disfrutar del bien, servicio o producto financiero que adquiera, a diferencia de otras inversiones. El especulador lo único que persigue con su inversión es obtener ventaja económica de las fluctuaciones del precio de ese bien; por lo que, su objetivo principal es obtener un beneficio económico, ya que la especulación está basada en la creencia de que el activo va a subir de precio.

En el caso del Bitcoin y las criptomonedas, podemos ver claramente un mercado plagado de especuladores que no parecen querer entender algo muy simple y es que su precio subirá en la medida en que esta tecnología sea adoptada y usada de forma masiva, para lo cual fue creada.

Se podría afirmar que la especulación es un fenómeno normal que hace parte del libre mercado y del funcionamiento de las economías. Lo peligroso ocurre cuando los monopolios comienzan a usar su poder económico y político para generar olas especulativas y ajustar los precios a su conveniencia, de tal manera que solo ellos se benefician mientras que las mayorías terminan perdiendo. Esto ha sucedido a lo largo de la historia con el petróleo, el oro y muchos otros activos. El Bitcoin no se ha salvado de la especulación y por eso durante el 2017 y 2018 fuimos testigos de las enormes fluctuaciones que se dieron en su precio, llevando a muchos Nobel de Economía y a célebres economistas a declarar el Bitcoin como una burbuja, lo cual reforzó en millones de personas la falsa creencia de que el Bitcoin no tiene futuro.

Quien haya leído *El libro blanco del Bitcoin* (2008) y el libro denominado *The book of Satoshi* (2014), que tiene una recopilación de todos los documentos, correos y entradas de blog compartidos por Satoshi Nakamoto, puede darse cuenta de la simple verdad: la esencia del Bitcoin está en su uso como moneda y como red de pagos, siendo su objetivo principal: sustituir los intermediarios que no generan valor. Increíblemente, su esencia ha pasado a un tercer plano y la mayor parte de la comunidad lo ve simplemente como un activo de especulación o simplemente como un esquema *Get rich quick* o «hacerse rico rápidamente». Esto ha generado todo tipo de confusión y especulación tanto en los mercados como en la comunidad cripto.

Es importante aclarar que el Bitcoin sí es un activo de gran valor, pero esa no es su esencia. Su valía aumentará en la medida en que sea usado como lo que es, una moneda y una red de pagos. Más adelante, cuando se llegue a un nivel de uso y crecimiento más alto, se convertirá en un activo más estable que podrá ser usado como resguardo de valor, tal como el oro. Así que mientras las mayorías se dedican a especular, los verdaderos conocedores y defensores del

Bitcoin se encuentran trabajando en todas las características y desarrollos paralelos que llevarán esta tecnología a su uso y adopción a gran escala.

Como siempre sucede con toda nueva tecnología, se vienen implementando diferentes desarrollos y mejoras en seguridad, privacidad, velocidad, costos y tarifas de transacción que con el tiempo permitirán hacer del Bitcoin una moneda mucho más estable y un medio de pago o resguardo de valor altamente confiable.

Mito 3. Blockchain sí, Bitcoin no.

El creciente grupo de promotores de «Blockchain sí, Bitcoin no», hace parte de un colectivo de intelectuales y pseudointelectuales a quienes los avances tecnológicos les suenan muy «cool» y con gran potencial, pero que cegados por sus rancios paradigmas, son incapaces de entender o siquiera dimensionar el tamaño de la disrupción que tienen en frente. Con toda razón sus salarios, ingresos y reconocimiento profesional provienen de su dependencia a un sistema conformado por empresas, instituciones, universidades y emprendimientos basados en los paradigmas de centralización, manipulación y control. Por esta razón, muchos de ellos ven en la tecnología Blockchain el potencial de reforzar el mismo sistema que monopoliza, centraliza, controla y manipula para el beneficio de pocos. En la mayoría de los casos, la mentalidad de gallina no les permitirá ver el tamaño de la revolución que se acerca.

Los casos más sonados de la creciente tendencia «Blockchain sí, Bitcoin no» están relacionados con aquellos famosos que han criticado abiertamente el Bitcoin, entre los que se encuentran a

Warren Buffet y Bill Gates, e incluso a reconocidos Premios Nobel de Economía como Paul Krugman (2008) y Robert Shiller (2013). Intentar explicarle a Bill Gates y a Warren Buffet que la revolución Blockchain está basada en los paradigmas: código abierto (*Open source*), descentralización y desintermediación, es lo mismo que explicar a las grandes cadenas hoteleras los beneficios de Airbnb y a los taxistas las ventajas de Uber. Una situación similar se dio con los famosos «luditas» de Inglaterra a principios del siglo XIX, cuando se opusieron con fuerza al avance tecnológico y a la Primera Revolución Industrial, porque la veían como una enemiga que eliminaría sus trabajos y empresas. Este tipo de personas que se oponen al progreso tecnológico y a las nuevas revoluciones refrendan la llamada ley de los paradigmas, porque, en resumidas cuentas, quienes lideran lo viejo son los primeros en oponerse a los nuevos cambios.

Todos sabemos que Bill Gates construyó su imperio al crear Microsoft y su sistema operativo Windows de «código privado», con lo cual creó un monopolio de miles de millones de dólares. Por otra parte, Warren Buffet acumuló su enorme fortuna por la inversión y especulación tanto en la bolsa como en grandes compañías. Acumular enormes cantidades de dinero en muy pocas manos y monopolizar los mercados son paradigmas que no se aplicarán en la nueva revolución Bitcoin-Blockchain. Por esta misma razón, muchos reconocidos intelectuales como los Nobel de Economía mencionados anteriormente, Krugman y Shiller, continúan y continuarán atacando una revolución en la que sus rancias teorías y viejos paradigmas simplemente no se llevarán a cabo.

Mito 4. Blockchain vs Tecnología de libro mayor distribuida

DLT (*Distributed Ledger Technology*)

Durante el año 2018, la palabra Blockchain se puso de moda en el mundo de la tecnología y en todo el sector empresarial, lo cual generó un auge de futuros proyectos, ruedas de negocios, eventos empresariales y la creación de cientos de ICOs (*Initial Coin Offerings*) que, en su gran mayoría, son un fraude al usar el nuevo y lucrativo disfraz de la Blockchain, con la intención de atraer incautos. Tan solo basta un simple análisis para ver el enorme engaño y la cantidad de personas que caen presas de la desinformación, la falta de claridad y de comprensión del tema.

Uno de los mitos más comunes es la confusión que existe entre tecnología Blockchain y la tecnología DLT (*Distributed Ledger Technology*). Con esta última, algunas empresas, desarrolladores e inversionistas intentaron utilizar la parte técnica y las ventajas de la Blockchain para su beneficio particular. Lo importante para ellos era sacar provecho de sus beneficios sin perder las facultades de centralizar y controlar sus desarrollos.

Este intento de usar el lucrativo disfraz de la tecnología Blockchain se ha vuelto popular durante el 2018, lo cual, si se analiza desde un punto de vista un poco optimista, podría ser ventajoso dada la cantidad de publicidad gratuita que está recibiendo la comunidad cripto, así el resultado siga siendo la confusión generalizada y la falta de información confiable.

Mito 5. El Bitcoin y las criptomonedas deben ser reguladas por los Gobiernos y los bancos.

Las grandes revoluciones del mundo, las que benefician a las mayorías, jamás han provenido de la banca o el Estado. Por esa razón, pretender que los bancos y Gobiernos acepten o regulen el Bitcoin es como pretender que un parásito se aplique a sí mismo la vacuna que lo destruye.

Aún si los Gobiernos quisieran intervenir o regular, no tienen manera de hacerlo. El asunto es muy simple: ¿cómo condicionar algo que se regula a sí mismo sin necesidad de intervenciones externas? Por otra parte, tampoco pueden prohibirlo, ya que para lograr eso deberían destruir internet y eso es prácticamente imposible.

La única verdad sobre este mito es que el Bitcoin fue creado para favorecer al 99 % de la población que es esclava del 1 % y, por lo tanto, es responsabilidad de los seres humanos y de toda la comunidad cripto poner en marcha o detener esta revolución. Usando una metáfora futbolística, la pelota está por primera vez en la cancha de las mayorías, lo que significa que solo de nosotros dependerá cómo termina el juego.

QUINTA PARTE

LIBERACIÓN

Nunca antes en la historia de la humanidad habíamos tenido frente a nuestras narices la mayor y más grande posibilidad de liberarnos de manera definitiva, y de una vez por todas, de la Matrix de miedo, control e incluso manipulación que nos ha dominado por siglos. Ni en los sueños más recónditos la sociedad pudo siquiera contemplar la ocasión de desbalancear el actual juego macabro impuesto por una pequeña elite, para ponerlo a favor de unas mayorías que simplemente merecen un mundo más justo y lleno de oportunidades.

Es en este punto en el que tienes la posibilidad de elegir. Tu decisión marcará no solo tu destino, sino el de toda la humanidad ¡Tamaña responsabilidad la que tienes en tus manos!

Libera tu mente, el miedo es una ilusión

Al final de la primera película, Neo enfrenta su batalla final contra los agentes de la Matrix en una escena que lo muestra integrándose al agente Smith y venciéndolo de manera contundente, algo que solo pudo lograr cuando descubrió que el miedo, el control y la manipulación eran tan solo una ilusión mental.

Tal como lo planteo en mi segundo libro, *Bitcoin y Blockchain: La mentalidad de gallina* (2018), esta nueva revolución hace un llamado a:

Replantear nuestros viejos dogmas y creencias. Nos insta a dejar atrás la mentalidad de loro de «tragar entero» y repetir sin sentido, y a abandonar de una vez por todas cualquier rezago de esa mentalidad de gallina reactiva y miedosa que condena a las personas y a la sociedad al estancamiento. Es hora de abrazar los cambios y la nueva revolución y realizar la transición hacia la mentalidad de águila, la única capaz de llevarte a alcanzar grandes éxitos y nuevas alturas.

Del miedo a la libertad

Si tú, yo y cada ser humano que vive en este planeta hemos experimentado el adoctrinamiento y el condicionamiento social durante casi toda nuestra vida; si eres de aquellos que siempre nota que algo no funciona o cuadra en este sistema absurdo, es normal sentir ansiedad, miedo al cambio y pavor por lo desconocido. Desplegar tus alas de águila en un mundo de loros, buitres y gallinas no es fácil al principio. Simplemente permite que tu conocimiento y poder te guíen hacia el camino de la verdad, para que puedas darte cuenta de que el miedo, el control y la manipulación, representados por los agentes de la Matrix, son tan solo una ilusión mental implantada en ti sin que lo supieras ¡Es hora de vencer los miedos, es hora de liberarte!

Tan solo imagina el mundo de posibilidades que se despliega ante tus ojos, la probabilidad de realizar los sueños que alguna vez viste tan lejanos y que hoy, después de tanto tiempo, hacen de la libertad personal, laboral y financiera, un objetivo al alcance de millones de personas.

Al final de la primera película, Neo deja un mensaje claro y contundente que muestra el inicio del fallo y resquebrajamiento de la Matrix:

NEO: Sé bien que están ahí, los siento. Y sé que tienen miedo, que nos temen, le temen al cambio. No conozco el futuro. No he venido a decirles cómo terminará esto. He venido a decirles cómo va a empezar. Voy a colgar este teléfono y luego le mostraré a la gente lo que ustedes no quieren que vean. Voy a enseñarles un mundo sin ustedes. Un mundo sin reglas y controles, sin fronteras ni límites. Un mundo donde todo es posible. Lo que pasará después, lo dejo a tu criterio.

Un nuevo comienzo

En una escena de la segunda entrega de la película, el oráculo se encuentra con Neo y le deja un mensaje clave:

NEO: Supongo que la pregunta más obvia es: ¿Cómo puedo confiar en ti?
ORÁCULO: Acertaste. Es un lío, no hay duda. La mala noticia es que no tienes manera de saber si estoy aquí para ayudarte o no. Así que depende de ti. Tienes que decidirte si vas a aceptar lo que te diré o lo rechazarás ¿Quieres un caramelo?
NEO: Tú ya sabes si voy a aceptarlo
ORÁCULO: No sería un Oráculo si no lo supiera.
NEO: Pero si ya lo sabes... ¿Cómo puedo elegir?
ORÁCULO: Porque no viniste aquí para tomar esa decisión; ya la has tomado. Estás aquí para intentar comprender por qué lo hiciste.

Pensaba que a estas alturas ya habrías descifrado eso.
NEO: ¿Por qué estás tú aquí?
ORÁCULO: Por la misma razón que tú. Adoro los caramelos.
NEO: ¿Pero por qué ayudarnos?
ORÁCULO: Todos estamos aquí para hacer lo que todos tenemos que hacer. **Me interesa una cosa, Neo. El futuro. Y créeme, la única manera de llegar allí, es juntos.**

«La única manera de llegar allí, es juntos». Este es uno de los mensajes más importantes de la película e incluso de este libro. La clave de todo está en la unión de todas las personas que desean un cambio en el mundo, debido a que ya no aceptan un sistema creado y diseñado para una elite perversa que se alimenta del trabajo, del esfuerzo, así como de la energía de los demás.

Este grupo cada vez más grande y representativo está siendo llamado a tomar las riendas del planeta y a tomar una decisión.

¡Llegó la hora! ¿La píldora roja? o ¿La píldora azul?

Como todos sabemos, en la primera película de la trilogía esta decisión fue tomada al inicio de la historia sin que Neo, el protagonista, pudiese saber qué era lo que le esperaba. Tú, por el contrario, ya cuentas con la ventaja de saber qué es y cómo funciona la Matrix. También conoces cuál es el punto crítico en el cual nos encontramos hoy en día. Por ello es que la siguiente decisión ya no da más espera:

La elección es simple, ¿prefieres la píldora azul (moneda fiat de curso forzoso) que te llevará a continuar en el sistema de miedo, control y centralización que rige nuestro mundo? Con ella volverás a tu zona de «confort», para que otros piensen por ti, decidan por ti y elijan por ti, o ¿deseas tomar la píldora roja (el Bitcoin)? Ella es la llave que desbalancea la Matrix, abriendo la puerta a un mundo de posibilidades jamás imaginadas. Es la llave a un universo libre de centralización o control. Esa píldora te brindará la oportunidad de tomar las riendas de tu vida, de tus finanzas y de tu destino.

Recuerda, te encuentras frente a una ocasión y responsabilidad únicas que aquellos con mentalidad de gallina ni siquiera alcanzarán a contemplar, aun siendo los primeros en beneficiarse. Esto es una decisión solo para personas libres, sin miedo y con el poder de ver más allá de dogmas, paradigmas o creencias impuestas. Definitivamente es una decisión solo para águilas. Ya somos muchas y es hora de juntarnos, para hacer la diferencia. Así que, ¿aceptas el reto?

REFERENCIAS

Antonopoulos, Andreas. (2017). *Internet del Dinero*. Living Language editorial.

Blomberg (2018). *La deuda mundial alcanza récord de US$237 billones en 2017*. Consultado el 9 abril de 2018 en:
https://www.bloomberg.com/latam/blog/la-deuda-mundial-alcanza-record-de-us237-billones-en-2017/

Bostman Rachel (2012). *The currency of the new economy is trust. Ted Talks*. Consultado el 15 de Marzo de 2018 en:
https://www.ted.com/talks/rachel_botsman_the_currency_of_the_new_economy_is_trust

Chomsky, Noam. (1994). *Las intenciones del tío Sam*. Txalaparta, S.L.

Festinger, Leon. (1957). *A theory of cognitive dissonance*. Stanford University Press.

González Otero, Juan Manuel (2013). *Bitcoin. La moneda del futuro: Qué es, cómo funciona y por qué cambiará el mundo* (Dinero, Banca y Finanzas). Unión (primera edición).

Lewis, Michael. (2010). *The big short: inside the doomsday machine*. New directions.

Mises, Ludwig Von. (2012). *La teoría del dinero y del crédito*. Union Editorial.

Nakamoto, Satoshi. (2008). *Bitcoin: A Peer-to-Peer Electronic Cash System*. Consultado el 5 de Marzo del 2018 en: https://Bitcoin.org/Bitcoin.pdf

Sachs, Jeffrey. (2018*). Billionaires reach for the stars while world suffers*. Consultado el 18 agosto de 2018 en: https://edition.cnn.com/2018/08/15/opinions/billionaires-reach-for-the-stars-while-world-suffers-sachs/index.html

Stiglitz, Joseph E. (2012). *El precio de la desigualdad: el 1 % de la población tiene lo que el 99 % necesita*. Penguin Random House.

Stiglitz, Joseph E. (2015). *La gran brecha: qué hacer con las sociedades desiguales*. Taurus Editores.

Taspcott Don & Taspcott Alex. (2017). *La revolución blockchain: Descubre cómo esta nueva tecnología transformará la economía global*. Deusto Editorial.

Timsit Sylvain. (2002). *Stratégies de manipulation*. Consultado en: https://www.bibliotecapleyades.net/sociopolitica/sociopol_mediacontrol76.htm

WEF, World Economic Forum. (2018). *Por qué en Colombia se*

necesitan 11 generaciones para salir de la pobreza y en Chile 6. Consultado el 8 agosto de 2018 en:

https://es.weforum.org/agenda/2018/08/por-que-en-colombia-se-necesitan-11-generaciones-para-salir-de-la-pobreza-y-en-chile-6

WEF, World Economic Forum. (2018). *We need a new Operating System for the Fourth Industrial Revolution.* Consultado el 10 junio de 2018 en:

https://www.weforum.org/agenda/2018/05/society-reboot-operating-system-fourth-industrial-revolution/

SOBRE EL AUTOR

Experto en Bitcoin y tecnología Blockchain

Twitter: @AndresZeti
www.andreszeti.com

Andrés Zeti es el único conferencista y experto de habla hispana que aborda el tema del Bitcoin y la tecnología Blockchain desde los diferentes campos y áreas del conocimiento que la componen (Economía, tecnología, teoría de juegos, finanzas, educación y mentalidad) producto de su formación, entrenamiento y experiencia de años y viajes alrededor del mundo.

Zeti se define a sí mismo como un viajero, soñador, educador y libertario. Su pasión por la educación, las nuevas tecnologías, la economía y el rol de la mentalidad humana en la sociedad lo han llevado por un camino de viajes, aprendizajes y experiencias alrededor del mundo, que han confluido en una nueva misión de vida: llevar a millones de personas la nueva revolución Bitcoin-Blockchain, la cual tiene el potencial de devolver a cada persona el control de su vida, sus finanzas y su destino.

LAS CLAVES DE LA NUEVA REVOLUCIÓN

Los tres libros de la serie: **LAS CLAVES DE LA NUEVA REVOLUCIÓN** están inspirados en el *best seller* START WITH WHY del famoso escritor y conferencista Simon Sinek, quien desarrolló la idea del círculo de oro (*golden circle*) y el cual ha sido usado como fuente de inspiración para presentar nuevas ideas, impulsar nuevos desarrollos y, en general, romper paradigmas obsoletos.

Dentro de este esquema, la revolución Bitcoin-Blockchain es explicada a partir del siguiente enfoque:

Por qué (Propósito):

Cuáles son las causas y las razones del surgimiento del Bitcoin y su propósito esencial: liberación de la Matrix.

Cómo (Proceso):

Cuáles son los cambios que se deben dar y por qué la mentalidad juega un papel clave en la transformación que implica la nueva revolución.

Qué (Resultado):

Los nuevos escenarios económicos y sociales, y la explicación detallada de qué es la tecnología Blockchain y su primer elemento disruptivo: el dinero, lo cual se da a través de una estrategia de preguntas y respuestas.

Todo lo anterior se presenta bajo la filosofía del método de razonamiento inductivo de Sócrates en un lenguaje simple y entendible para cualquier persona interesada y usando una de las estrategias educativas más poderosas para explicar una idea o un tema: las metáforas (Matrix-Mentalidad de gallina).

En su conjunto, los tres libros de la serie **LAS CLAVES DE LA NUEVA REVOLUCIÓN** se convierten en una fuente de información única que te permitirá comprender la revolución Bitcoin-Blockchain y dimensionar su enorme poder disruptivo.

www.ingramcontent.com/pod-product-compliance
Lightning Source LLC
Chambersburg PA
CBHW020453220526
45464CB00002B/967